家具でつくる本の空間

藤江和子アトリエ

彰国社

スケッチ：藤江和子　　ブックデザイン：飯田将平

はじめに

———— 藤江和子

　さまざまな情報がデジタル化され、急激なモバイル化が進み、私たちの生活スタイルに大きな変化をもたらしています。しかし、新聞を広げ、本を手にとりページをめくる、その所作や印刷の匂いや触感覚を通して、変わらず心地よい喜びを見出すことができます。

　本のある空間は、公立の図書館や学校図書室、専門図書館や研究資料室、書店や街角のブックカフェなど、規模も蔵書も対象もさまざまですが、多くの人の利用を原則としている公共性の高さという性格を持っています。本を読むという極めて個人的な行為が無理なく行われるには、その空間の居心地のよさ、公共性が求められているのです。心地よい公共空間とは、ひとりでも居られる、孤独を楽しめる場、言い換えれば空間が人に喜びを与えることができるかということです。

　情報のモバイル化が進む一方、図書空間を利用しようとする人々の思考は、環境や自然との共存や、規制のない自由や解放感、流動的で複雑に重層した身体感覚を通して、本と関わる生活スタイルに新しい変化を求めているようです。
　建築空間との良質な関係を持つ家具の設えがあることによって、誰もが心地よく喜びを得られる本のある空間として、広く受け入れられるのではないかと考えます。

目次

はじめに　　藤江和子　　　　　　　　　　　　　3

① みんなの森 ぎふメディアコスモス（2015）
　空間の引力を高める。　　　　　　　　　　6

② 台湾大学社会科学院辜振甫先生紀念図書館（2014）
　渦を巻くような流れをつくる。　　　　　　26

③ 真壁伝承館（2011）
　街と人をつなぐ。　　　　　　　　　　　　40

④ 多摩美術大学図書館（2007）
　連続するアーチをゆるやかに通り抜ける。　48

⑤ 茅野市民館（2005）
　いつでもだれでも自由に使える。　　　　　62

図面で読み解く本の空間　　　　　　　　　　73
① みんなの森 ぎふメディアコスモス
② 台湾大学社会科学院辜振甫先生紀念図書館
③ 真壁伝承館
④ 多摩美術大学図書館
⑤ 茅野市民館

本の空間33　1982-2017　　　121

1.慶應義塾大学図書館新館｜2.早稲田大学図書館本庄分館｜3.千里国際学園館 図書室｜4.ノバルティスファーマ 筑波研究所 図書室｜5.YKK R＆Dセンター 2階ライブラリー｜6.奈義町立図書館｜7.香美市立やなせたかし記念館［詩とメルヘン絵本館］｜8.こうち男女共同参画センター［ソーレ］1階情報資料室｜9.女性就業支援センター（旧女性と仕事の未来館）ライブラリー｜10.桐蔭学園メモリアルアカデミウム メモリアルライブラリー｜11.公認会計士会館 図書室｜12.西会津町立西会津中学校図書館｜13.福井県立図書館｜14.大東文化大学板橋キャンパス図書館｜15.おおさ総合センター｜16.茅野市民館｜17.南浦和navio フリースペース｜18.いわて県民情報交流センター ［アイーナ］国際交流センター 図書コーナー／環境学習交流センター 図書コーナー｜19.共同通信社研修・交流センター 新聞図書館（実施設計）｜20.多摩美術大学図書館｜21.座・高円寺 2階カフェ絵本コーナー｜22.ゲント市図書館およびニューメディアセンターコンペティション（案）｜23.代官山蔦屋書店招待設計競技（案）｜24.真壁伝承館｜25.東北大学青葉山東キャンパスセンタースクエア［book＋café BOOOK］｜26.東京工業大学附属図書館｜27.金沢海みらい図書館｜28.高志の国文学館｜29.台湾大学社会科学院辜振甫先生紀念図書館｜30.みんなの森 ぎふメディアコスモス｜31.バロック・インターナショナルミュージアム・プエブラ 図書室｜32.荒川区立ゆいの森あらかわ｜33.（仮称）大崎市図書館

略歴　　　　　　　　　　　　　　　　　　　150

写真クレジット　　　　　　　　　　　　　152

① みんなの森 ぎふメディアコスモス（2015）

空間の引力を高める。

「大きな家・小さな家」
この簡単な言葉が記されて、大小の円が点在する正方形のコンセプトプランらしきものがメールで送られてきました。それは以前、多摩美術大学図書館を協働した際、担当していた伊東事務所スタッフからの近況報告メールでした。
「実は図書館のコンペなんですけど……興味あります？」
小さい字で、しかし強く求心力のある「大きな家・小さな家」というフレーズ。その意味が即座に、そして確実にイメージできたので、すぐにコンペに参加する意志を伝え、その具体化に取り組みました。
点在する家々に人々が生き生きと暮らす街。それがこの図書館の風景だと確信し、そのイメージをスケッチしながら、早速、丸い磁石と砂鉄を買ってきました。人々が空間に吸い寄せられ、自由に過ごす様を、磁石の周りに渦を巻き動き回る砂鉄を見ながら、想像を膨らませスタッフとイメージを共有していったのです。

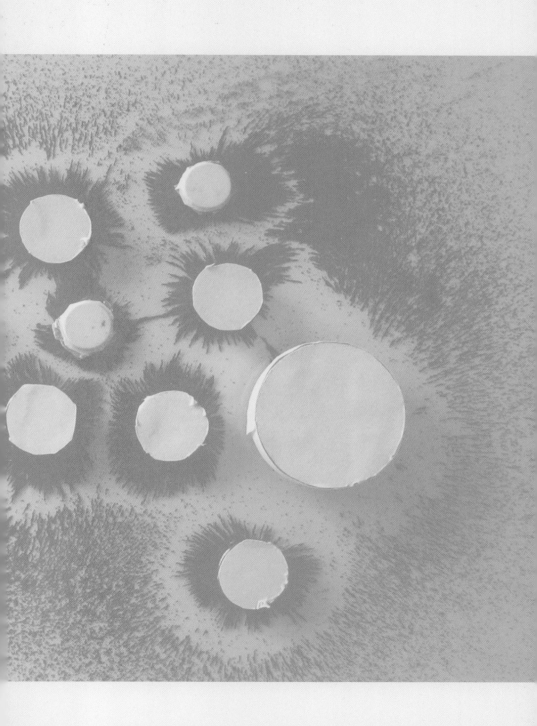

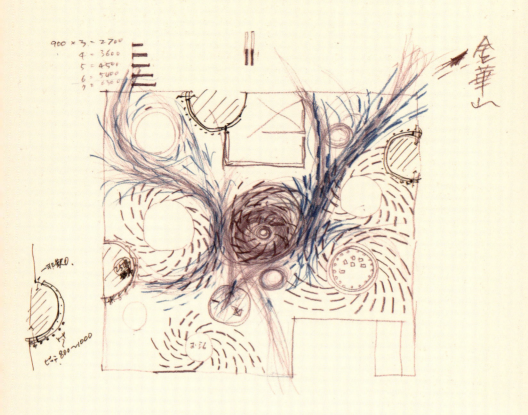

①-①
外に向かって流れるような動線

建築チームが小さな家の配置を検討している間、本の配架や書架の配置の検討を続けました。大きな家全体に緩やかな流れを起こし、人々の動きや空気の流れ、人々を招き入れる緩やかな道をつくる。書架の小道によって、小さな家に向かう路地の渦が生まれ、さらに岐阜に暮らす人々の心のシンボルである金華山に誘うような広い道を設けました。自然の環境に身を置き、時を過ごせるよう、室内と室外との連続した体験を生み出す居場所づくりを大切に、設えの異なる3つのテラスを用意しました。

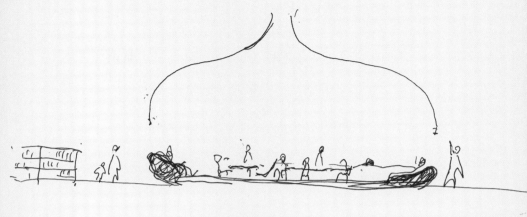

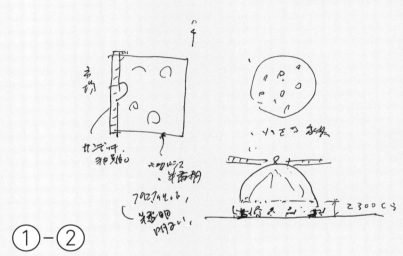

①-②
グローブでの過ごし方

やがて、屋根の構造から導き出された、大きさの異なる11個もの正円と極細の丸柱が散在した配置がまとまりました。「グローブ」と名づけられた小さな家は、人々が集まり過ごす閲覧の場であり、受付や展示の場でもあります。本との関わり方はさまざまですから、一人ひとりが居心地よく過ごせるよう、本の分類や配架と関わりながら、グローブごとの特徴が表れるよう心がけました。目的に応じてさまざまな姿勢で読書をしたり、幼児もお年寄りも一緒になって過ごすことができるような設えを大事にしています。

①-③
グローブを囲む大きなソファ

類のない新しい空間だからこそ可能な、過ごし方の特徴を見出したい。そこで、一番大きなグローブに、最も心地よく過ごせる場を提供しようと思いました。草原のくぼみに横になり本を読むように、靴を脱いで畳にごろりと、思い思いの姿勢で写真集に見入るように、そんなふうに、誰もが自由にゆったりとリラックスできる場所を設えることにしました。おおらかなスケール感を大切に、緩やかに流れる微気流を畳の触感に近い籐編みを通して感じられるようにしたのが、この大きなソファです。

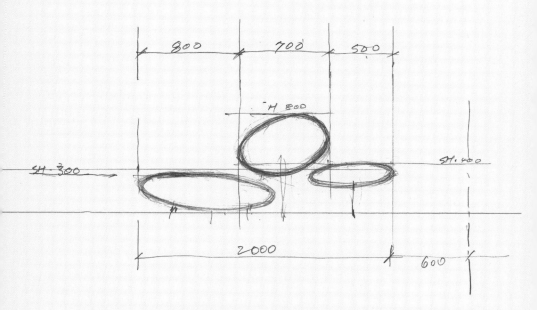

A：床の起伏を利用し、人の居場所をつくり出す　B：土手状のベンチを設け、中央にパーソナルなスペースを確保　C：竹編みで3つのベンチを組み合わせる　D：実施設計。周辺の書架や人の動きから形状と長さを検討。中央部にテーブルとベンチを配置　E：耐火性能の見直しから人工籐の採用を検討。スティールの骨組みを模索　F：原寸模型。座面の高さ傾斜角度、背もたれの位置、座面の奥行き、3つのパーツの取付け方法などを検討　G：部分試作。編み方、座り心地、脚部の取付け方法を検証　H：フィリピンのセブ島での製作風景

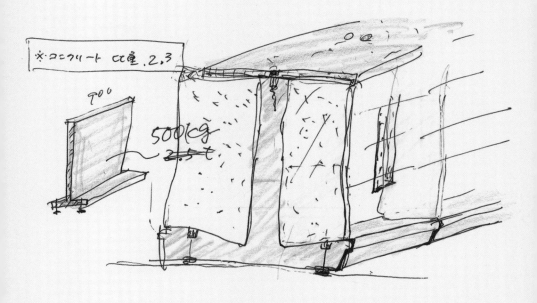

①-④
見通しの良さと強さの両立

空間全体に流れる空気や人々を自然にグローブに集めるためにも、渦巻く書架の配置を見渡せることはとても重要です。そこで、大人の目線が通る書架の高さを限度に、書架分量を算出する一方、照明や電子機器のための配線スペースの確保、書架列の増減や変更にも対応できるシステムを設けて、レイアウトの検討を重ねました。コンペ時、岐阜産の桧チップボードを使った透過度の高いデザインを考えていました。しかし木造屋根の実現のためには、鋼板の書架でも対応できない高い耐火性能の確保が必須条件となり、ついにプレキャストコンクリートを採用するという、室内家具としてはまれに見るデザインとなりました。

①-⑤
使う人や目的に合わせた木質の椅子

図書館にはたくさんの椅子が必要ですが、既製品からセレクトすることがほとんどです。しかし、この空間では、置き家具にも規定の耐火性能が求められたので、既製品の仕様は選択できません。とはいえ、滞在時間の長い図書館では、座面がスティールの椅子は不向きです。窓際カウンターやグローブ下の閲覧テーブルなどに適した姿勢、リラックスした読書の姿勢や使用するシーンを想定し、ひとつの成形型で合理的に多様な椅子を大量につくれるよう工夫しました。全て同一素材で、塗装による耐火性能を確保した木質の椅子が実現したのです。

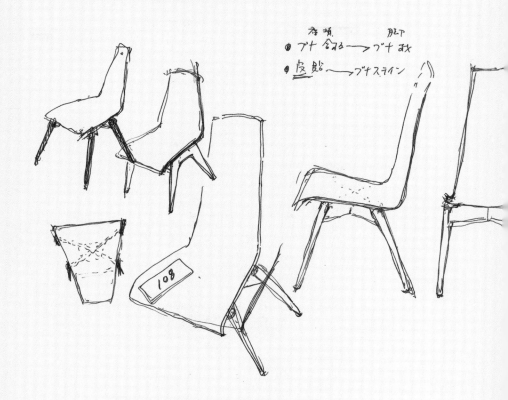

② 台湾大学社会科学院辜振甫先生紀念図書館(2014)

渦を巻くような
流れをつくる。

このプロジェクトは、提案までの日程が迫っているため、建築と家具の両者が同時期に出張という偶然が重なったバルセロナの建設現場事務所で、最初の説明を受けてスタートしました。

4面とも透明ガラスで切り取られ、独立したほぼ正方形の箱という基本設計プランには、すでに曲線や直線の書架が寸分の隙間もなく、高密度にプロットされていました。

ガラスの箱は、緑と自然豊かな広がりのある空間の中に挿入され、心身ともに解放されるような建築です。社会科学という人をめぐる分野に関わる学生が広く遠く、社会や宇宙に対して、そして身体や細胞、メンタルにも視野を広げ、イメージの振幅を広げてほしい。森羅万象の中に新しい思考のダイナミズムを創出するような、新しい図書館空間ができるといいと思いました。

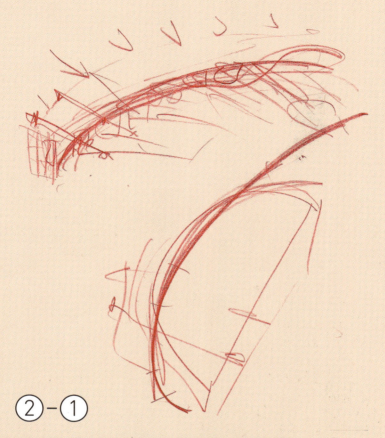

②-①
88本の柱が生み出す秩序

30万冊という膨大な本を開架収蔵する。この条件を満たす新しい書架の配置を発見することは困難を極めました。竹林のように点在する88本もの柱を避けながら、あるいは取り込みながら、あらゆる可能性を模索。収蔵冊数を絶え間なくカウントしながら、必要な書架の長さの獲得に明け暮れたのです。書架の高さを抑え、空気の流動感を見せることで、利用者の意識が外部にも誘導されていく。こうした期待のなか、ようやく建築の秩序であるボロノイド曲線上の柱に沿う配置を見出し、さらに一部の書架を高くすることで、空間に大きなダイナミズムが生み出されました。

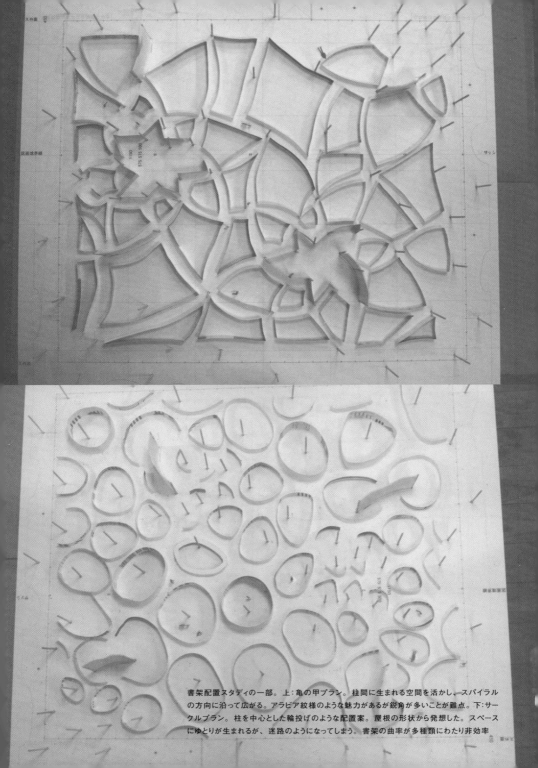

書架配置スタディの一部。上:亀の甲プラン。柱間に生まれる空間を活かし、スパイラルの方向に沿って広がる。アラビア紋様のような魅力があるが鋭角が多いことが難点。下:サークルプラン。柱を中心とした輪投げのような配置案。屋根の形状から発想した。スペースにゆとりが生まれるが、迷路のようになってしまう。書架の曲率が多種類にわたり非効率

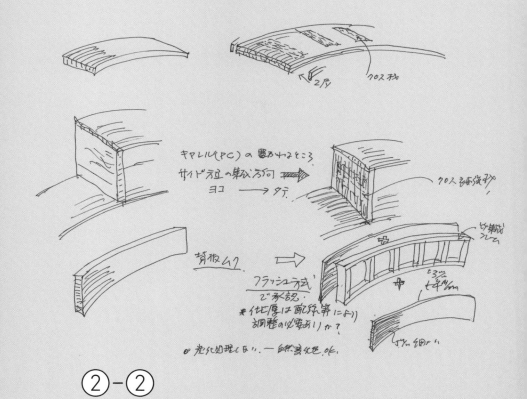

②-②
竹の可能性

建築の秩序に載った曲線の書架を、どうやって大量につくるのか。台湾では、家具に適した材料を大量に入手することが簡単ではありません。そこで環境保護の視点からも、繁殖成長の速い竹を使うことを考えました。竹の断面は小さいけれど、集成すれば容易に面材となり、しなり強度がある。どの書架もボロノイド曲線で成り立っているので、ひとつの集成型で全ての棚板を成型できます。竹のしなりや集成材の強度を踏まえながら、板厚を最小限にして、合理的な組み立てシステムを追求しました。透過度が高く軽やかな存在感を実現したいと思ったのです。

②-③
職人の手による有機的なソファ

学生たちが身を預ける家具だから、有機的なフォルムで身体感覚を大切にしたいと思いました。竹編みの弾力性を活かすために地元の竹工芸作家との協働を検討しましたが、実現できませんでした。そこで、身体の動きに追随するデザインを、革によって生み出そうと考えたのです。有機的なフォルムは図面化しにくいものです。しかし、台湾は制作図面をつくらないお国柄。この実物主義が、むしろ有利に働くかもしれないという期待もありました。しかし、いくつもの模型をつくり、試作や現地職人への技術指導を繰り返すなど、実現までのプロセスは苦労の連続でした。

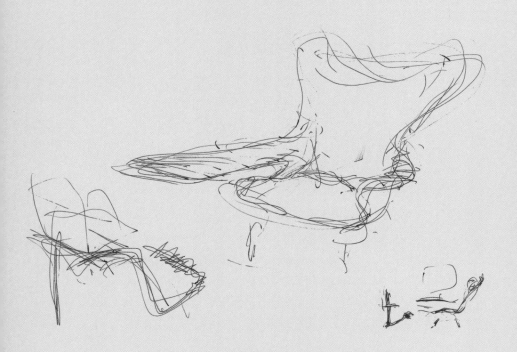

③ 真壁伝承館(2011)

街と人をつなぐ。

「サンプリングとアセンブリ」の作業から見出された基本計画は、この街の伝統的な建築スケールを再編集し、町民の生活が賑やかに展開する様を想像させるもので、蔵を思わせる切妻天井と内壁を鋼板でつくるという構想には、大変強く触発されました。
紙と糊で模型をつくるかのように、壁に薄い棚板を直接溶接して本をたくさん展示する。とりわけ小さな本や絵本を楽しく美しく飾りたいと思いつきました。
白い壁面に囲まれた空間が、色とりどりの本で埋められ、壁にあいた四角い窓の先に、漆喰の壁や瓦屋根、黒塀、そして行き交う人々が自然と目に入る。単なる図書館にとどまらず、伝統文化を伝承する意義に満ちた場になってほしいと思ったのです。

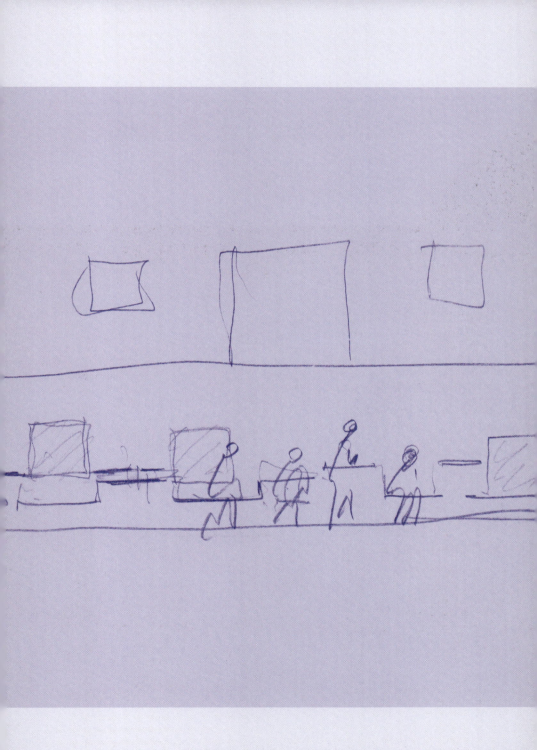

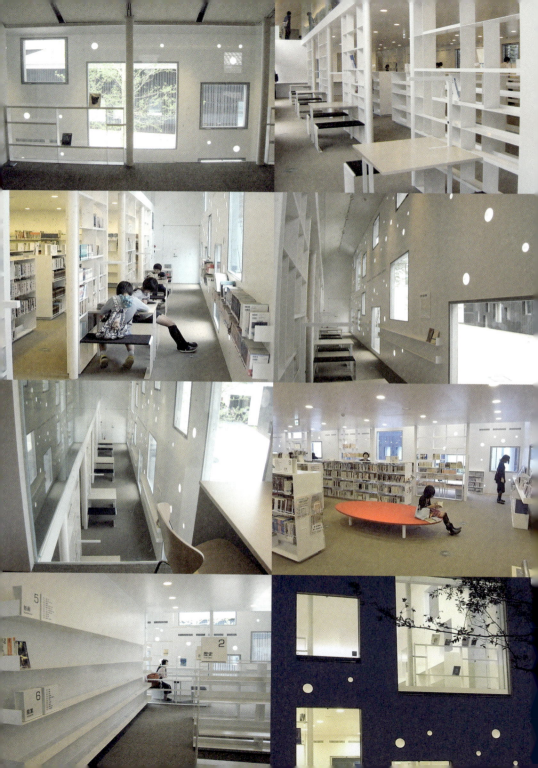

③-①
ショーウインドウとしての本の空間

鋼板の内壁に本を展示する鉄板の棚を溶接し、フックを掛けるための穴を無数にあけてもらいました。本を探す人や読書をする人の目線が、緑や空、雲の移ろいを追い、街の風景と応答できるよう、壁に点在する窓の位置や大きさを注意深く決めていき、その過程で、空調設備や構造も厳密に検討されています。こうして生まれた大小の窓は、室内からは街を見るウインドウ、道行く人にとっては好奇心を誘う本のショーウインドウとして、人と街と本をつなぐ大きな役割を果たしています。

③-② 建築と一体化する鉄板の棚

街に残る伝統建築が持つ空間の奥行きや連続性、漆喰壁や指物の装飾など手仕事のなかに見出されるシンプルな納まりにならって新しい建築構法に応答する明快な方法で、伝承館らしい本の空間を実現したいと思いました。鋼板の壁に薄い鉄板を溶接するだけのディテールは、建築の設計初期から綿密な調整が必須です。鉄板の棚は、構造設計と家具デザインが並行して検討調整を重ねるという、まれなプロセスを経て実現したのです。

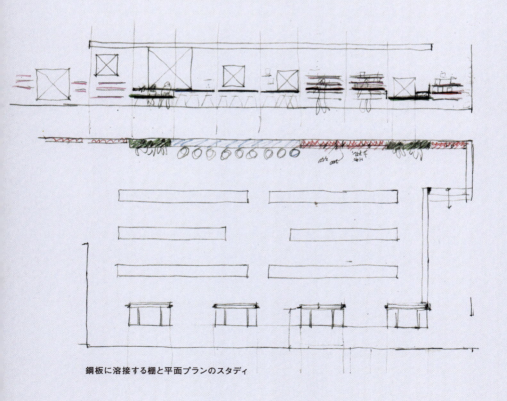

鋼板に溶接する棚と平面プランのスタディ

④ 多摩美術大学図書館(2007)

連続するアーチを
ゆるやかに通り抜ける。

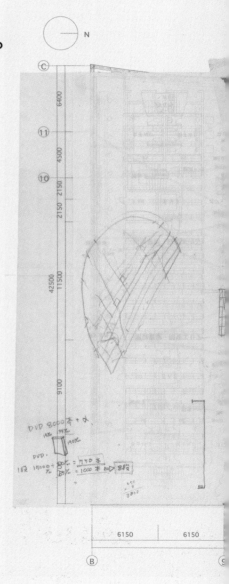

伊東豊雄さんからはじめての電話を受けてすぐ、7月の雨のなか、現場事務所に出向きました。100分の1の模型と図面を前にしても、連続するアーチと通り芯のカーブばかりが目につき、いっこうに空間を把握できませんでした。配筋がない見慣れない工事現場では、1階型枠の組立て中で、翌年3月竣工、7月開館という厳しい工程です。

早速空間を知るために、20分の1のストラクチャー模型をつくり、頭を突っ込んで、緩やかにカーブしながらアーチが連続し交錯する空間を眺め続けましたが、アーチをくぐり抜ける感覚は、これまで幾度も体験したことのある西欧建築の記憶のそれとは全く違うものでした。柱や梁、壁ともいえないアーチ列によって、空間が連続的に変化し続ける。建築全体に空気が流れ、やがて視線は外部空間に誘導されていく。この独特の空間体験を失わないための家具のあり方を見つけることが先決だと気がついたのです。

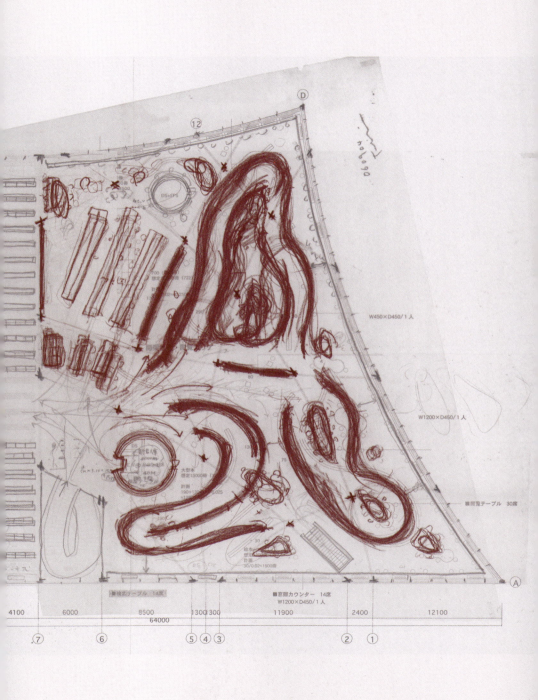

10万8000冊、171人を満たす書架と閲覧席

図書館設計では、収蔵冊数と席数の確保が絶対条件です。建築計画の段階ですでに高い書架列が配置されていましたが、模型で体感した建築の特徴的な空間の流れを止め、視線が遮られていて残念に思えました。とはいえ、この空間で書架の配置を解決するのは大変な難題です。あらゆる可能性を模索しつくして、思い切って一般書を集積、主要スペースに美術書のみ配することで視界と蔵書数の確保を狙いました。美術書は判型が多様なので棚板間隔を大きく取ると、本の隙間がたくさん生まれます。その隙間から興味を誘うタイトルや窓辺で読書する友達の姿を見つけたり、窓の外の自然の移ろいが内部に引き込まれたりする。木々を縫って森を散策するように本を探すことができる書架の配置が生み出されました。

A：アーチ列によって生まれるセルを活用　B〜F：アーチ列に束縛されない書架配置。伊東事務所への提案はE。自由なリボンを配置したEの方針に決定　G：一般書を集積し書架の高さを抑えた案　H：実施設計案。書架の曲率を6つに整理。外周部に閲覧カウンターを設け、書架間の閲覧席はゆとりある配置

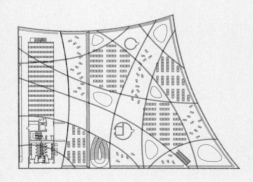

A

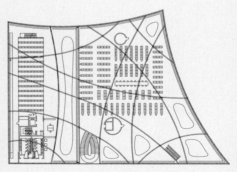

B

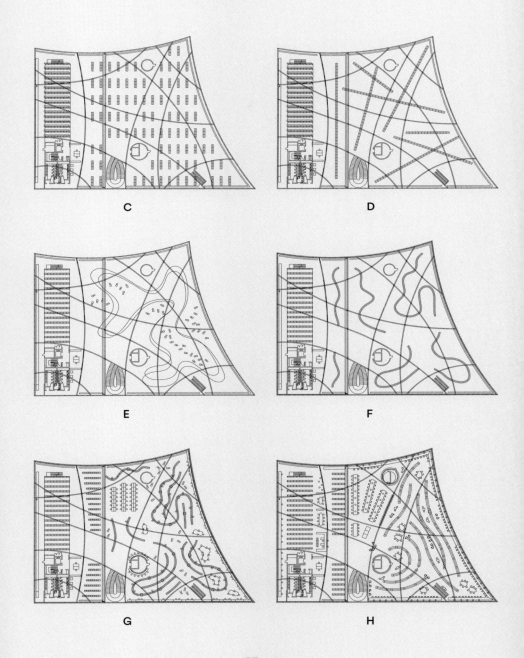

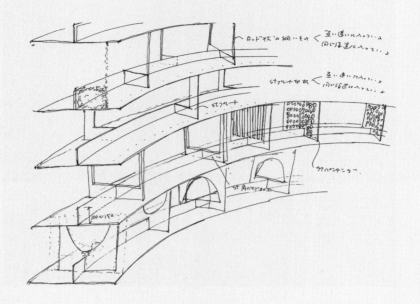

④-②
視線を遮らないよう、
できるだけ低く、薄く

美術書だけであればゆったりと配せることがわかり、新しい書架の姿が見えてきました。アーチをすり抜ける曲線の書架をできるだけ低くし、家具の存在が強く出ないように。透過度を高めるためにたわみ強度のあるアルミハニカム板を採用し、支持部材の間隔を開け、部材を最小限かつ単純な構成にしました。フリーハンドのラインを6種類の曲率に整理したうえで、ハニカムを切出し重ねるというシンプルさ。小口の処理が難点でしたが、シリコン樹脂成型によるエッジ材をつくることでどの曲率にも対応できました。美術学生は書名や著者などで検索するより、感覚的にタイトルや表紙に触発されて手に取ることが多いものです。気になる本を見つけたら、すぐに棚上で開いて見ることができる自由な環境を届けたいと考えました。

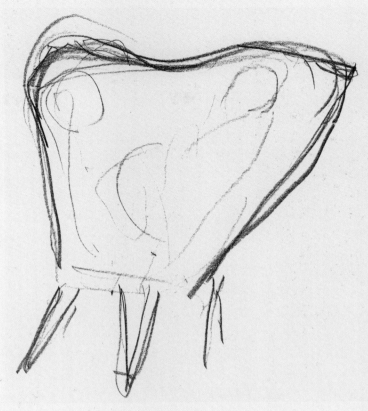

④-③
人をやわらかく包むソファ

1階の最大の特徴は、床が傾斜していることです。空間全てが周囲の庭や風景に連続し、内部が外部に溶けて外部が内部に浸透してくるところが大変魅力的です。コンクリート打放しに呼応しながら、傾斜に身体を預け解放された感覚をどのように獲得するか。その難題に対して、厚みのあるフェルトをシンプルに使うことにしました。フェルトの断面がそのまま表れて肌に触れ、身体を包み込むと、感性が研ぎ澄まされ、さらなる創造を生む感覚が生まれてくるのではないかと思ったのです。

⑤ 茅野市民館（2005）

いつでもだれでも自由に使える。

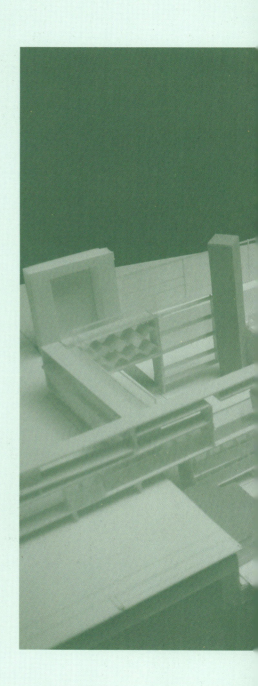

コンペにあたり、建築家とさまざまな分野の専門家が集まりブレーンストーミングが開かれました。そのとき鮮明に蘇ったのが、かつてたびたび蓼科を訪れたとき、茅野駅での待ち合わせは居場所がなく所在なかったという記憶です。そこで提案したのが、駅につながる場所で、本が読めたり地域の情報が得られたりして、自由に心地よく居られるスペースです。こうして、ホールやギャラリーなどの施設と、線路をまたぐ高架橋とをつなぐ長い斜路の空間に、スタジオや図書館分館を入れる案がまとまり、コンペで選ばれたのです。

早朝から夜遅くまで、この土地に住むお年寄りや親子、遠来の旅人や待ち合わせの人、通勤通学の電車待ちの少しの時間でも利用しやすい本のあるスペース。管理の仕方や運営方針に対応した家具計画は、ワークショップを繰り返してまとめ上げられました。

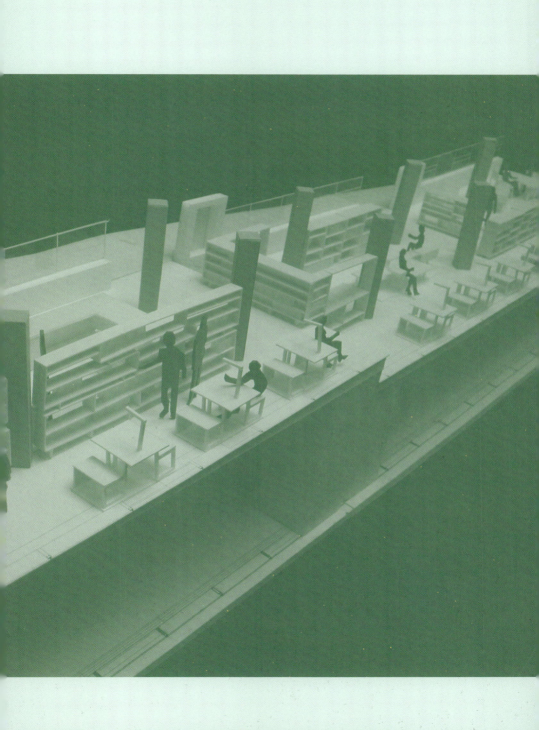

⑤-① ふらりと立ち寄れる街路のような図書館

駅と施設をつなぐ斜路は、坂道に書店が並ぶ楽しい街路のようであってほしい。ふらりと寄り道を誘う、本のディスプレイ棚で図書室を仕切ることにしました。窓辺には閲覧席を設け、読書をする人や本を探す親子、書棚の向こうに山並みや郷里の風景、人々のアクティビティが重層して見えるよう視線の抜けを確保し、立ち寄るきっかけを生み出しています。

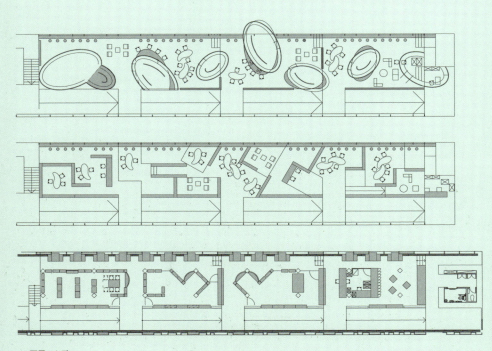

配置スタディ

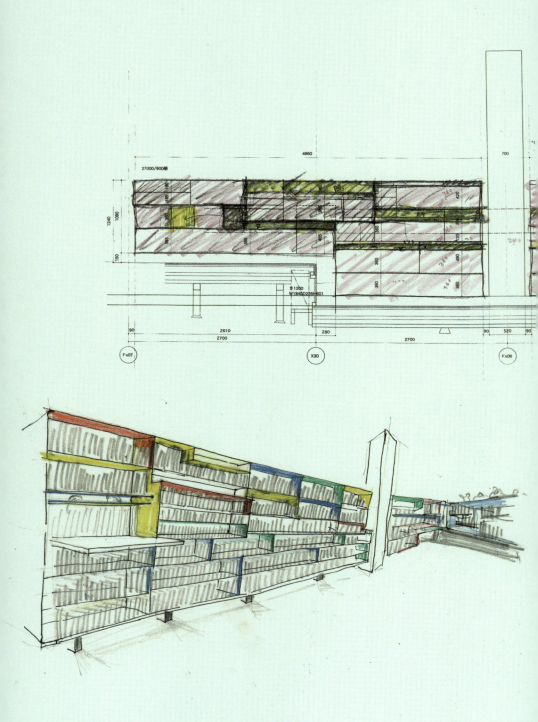

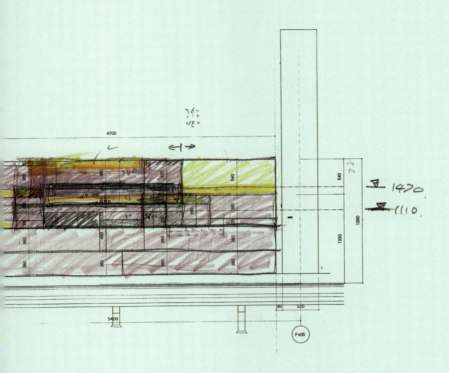

⑤-② スロープを活かす開放的で
ミニマルな家具

駅に急ぐ人、帰宅時に斜路を下る人の足を止め、興味を誘うような本の表紙を見せるガラスのディスプレイ展示。透過度の高いパンチングの背板、随所にスリットを注意深く設けるなど、視線を誘導するための奥行きをつくる細やかなデザイン操作をしています。所定の冊数を収蔵する書棚の確保、照明や空調設備機器など、さまざまな要素を組み込む緻密でミニマルな設計は、スティールの採用で実現できたのです。

図面で
読み解く
本の空間

① みんなの森 ぎふメディアコスモス
② 台湾大学社会科学院辜振甫先生紀念図書館
③ 真壁伝承館
④ 多摩美術大学図書館
⑤ 茅野市民館

① みんなの森 ぎふメディアコスモス（2015）

蔵書数＝約300,000冊　席数＝910席　延床面積＝6,845.41㎡（2階）

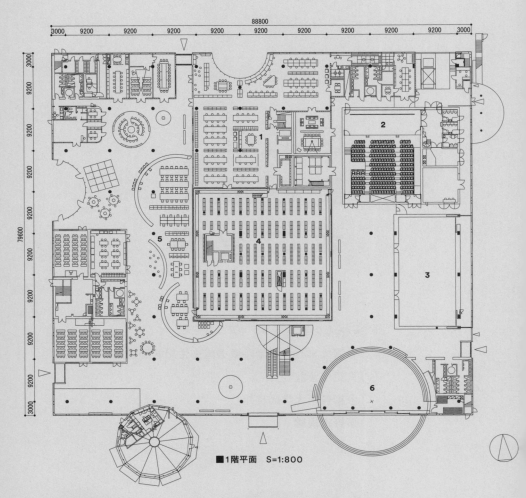

■1階平面　S=1:800

1　図書館事務室
2　みんなのホール
3　みんなのギャラリー
4　本の蔵
5　市民活動交流センター
6　ドキドキテラス
7　文学のグローブ
8　書架（→P.76）
9　文庫のグローブ カウンター／ベンチ（→P.81）
10　インターネットコーナー（→P.82）
11　ヤングアダルトのグローブ
12　受付のグローブ
13　並木テラス
14　児童のグローブ
15　キッズチェア（→P.84）
16　児童書架（→P.77）

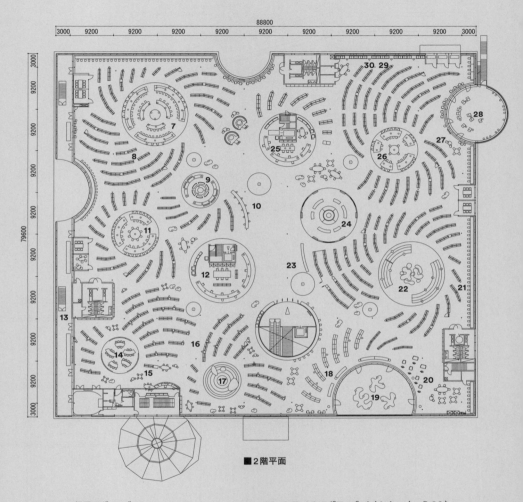

■2階平面

- 17 親子のグローブ
- 18 雑誌コーナー
- 19 ひだまりテラス
- 20 みる・きくシート
- 21 アームレスチェア（→P.84）
- 22 ゆったりグローブ
- 23 自動貸出機（→P.83）
- 24 展示グローブ 展示間仕切り（→P.78）
- 25 レファレンスグローブ カウンター（→P.80）
- 26 郷土のグローブ
- 27 ローチェア（→P.85）
- 28 テラス椅子（→P.87）
- 29 ハイスツール（→P.85）
- 30 新聞架（→P.86）

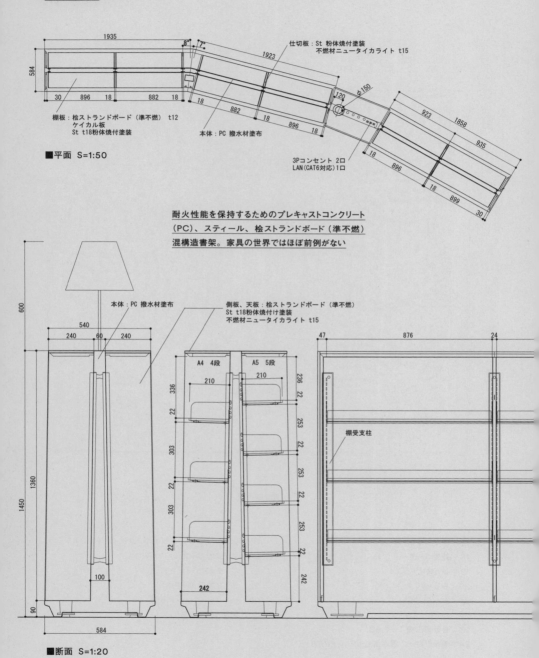

児童書架 ①-①

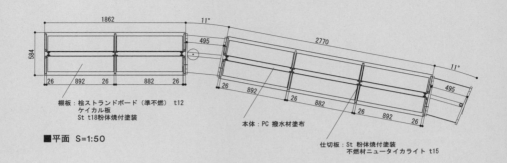

棚板：桧ストランドボード（準不燃） t12
ケイカル板
St t18粉体焼付塗装

■平面 S=1:50

本体：PC撥水材塗布

仕切板：St 粉体焼付塗装
不燃材ニュータイカライト t15

一般書架同様の耐火仕様。高さを抑え、
PC天板木口の丸みは、子どもが触っても
優しいつくりとなっている

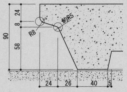

■A部断面詳細 S=1:5

側板（総連エンド）：
桧ストランドボード（準不燃）t12
St t18粉体焼付塗装
不燃材ニュータイカライト t15

本体：PC撥水材塗布

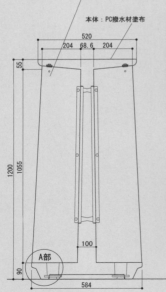

■断面 S=1:20

児童書架。PC天板のディテール

書架工場検査。PC、スティール、木部の組立確認

一般書架。底部PC木口のディテール

書架PC搬入風景。クレーンを用い、2階テラスより搬入

展示グローブ 展示間仕切り

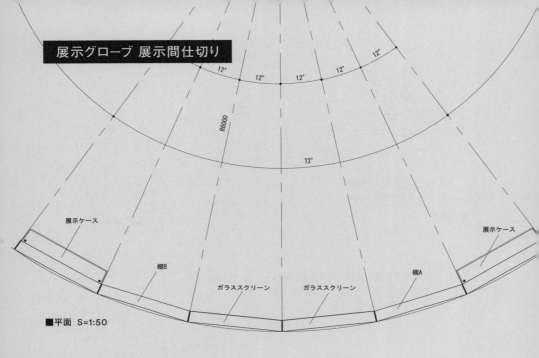

■平面 S=1:50

さまざまな展示を可能とする間仕切り。
6つのユニットの組合せで、展示グローブを一周する

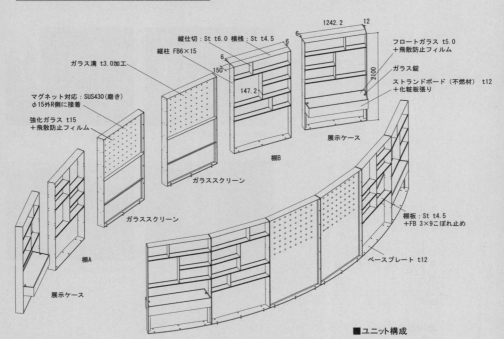

■ユニット構成

展示グローブ。周囲をめぐる間仕切り展示だけでなく、円形の組み合わせテーブル、展示棚などの家具により多様な展示が可能

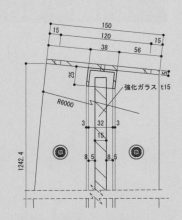

■ガラススクリーン 平面詳細 S=1:5

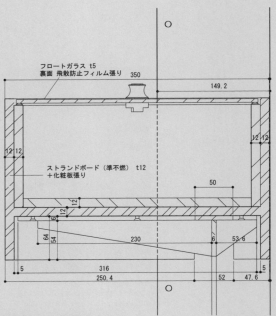

■展示ケース 断面詳細 S=1:5

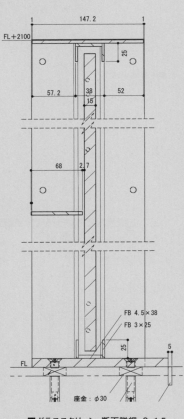

■ガラススクリーン 断面詳細 S=1:5

レファレンスグローブ カウンター

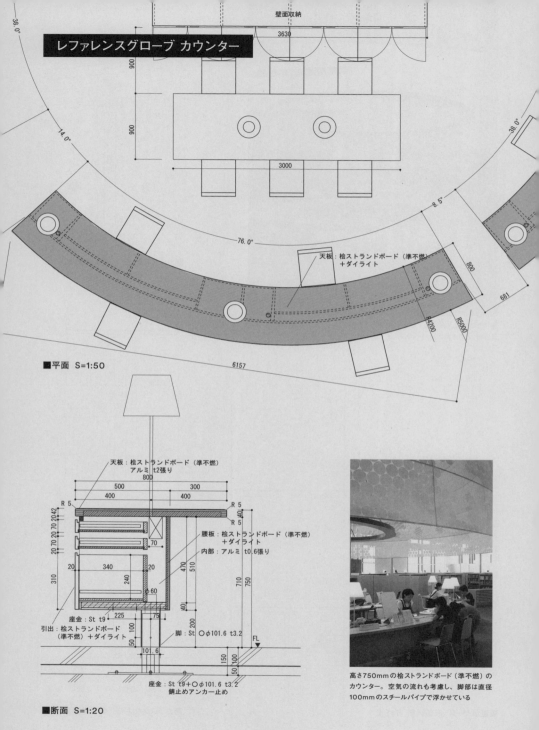

■平面 S=1:50

■断面 S=1:20

高さ750mmの桧ストランドボード（準不燃）の
カウンター。空気の流れも考慮し、脚部は直径
100mmのスチールパイプで浮かせている

文庫のグローブ カウンター／ベンチ
①-②

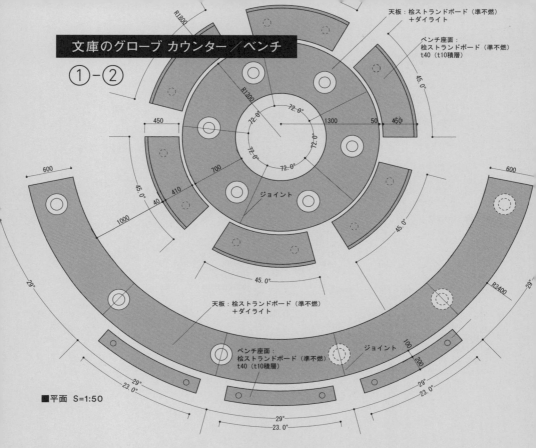

■平面 S=1:50

中央部はゆっくり時間を過ごせる背付きベンチのコーナー。外周には、クイックな利用を想定したちょこっとベンチのハイカウンター席を設置

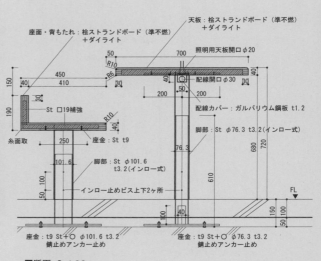

■断面 S=1:20

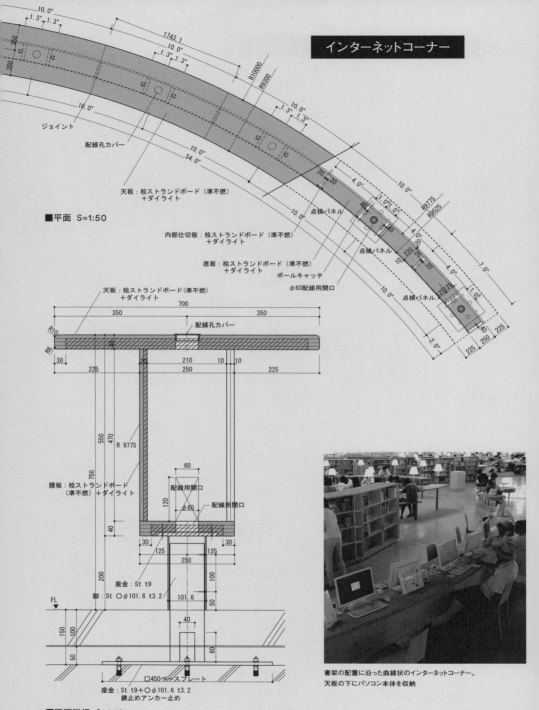

インターネットコーナー

■平面 S=1:50

■断面詳細 S=1:10

書架の配置に沿った曲線状のインターネットコーナー。天板の下にパソコン本体を収納

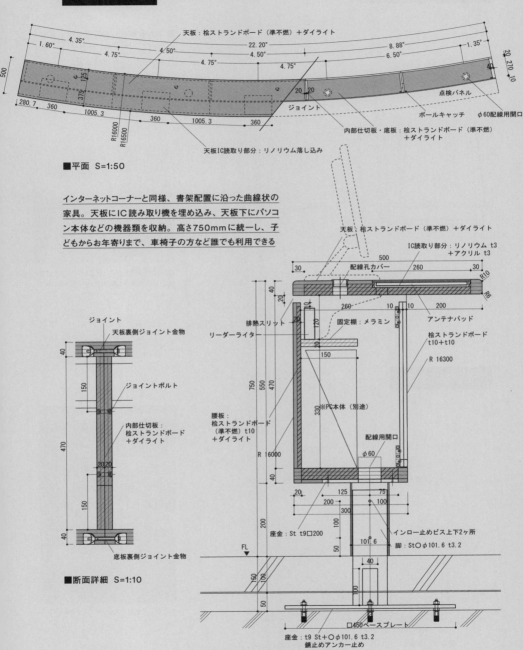

アームレスチェア ①-⑤

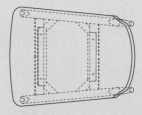
■平面 S=1:15

座面の合板は、全て同じ型で成型されている。背・座・肘は全て、厚さ11.5mmのビーチ成型合板。ファイヤーレターデント防燃水散布の上クリアウレタン塗装仕上げ。脚部はビーチ材

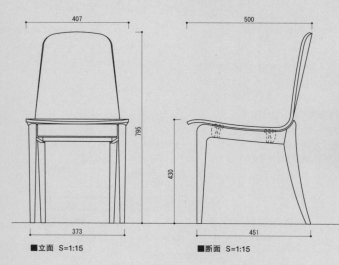

407 / 795 / 373
■立面 S=1:15

500 / 430 / 451
■断面 S=1:15

座面と脚部の取り合い。後ろからの見えを大切にした。優しい丸みを帯びた脚部は、木の削り出し加工

キッズチェア

■平面 S=1:15

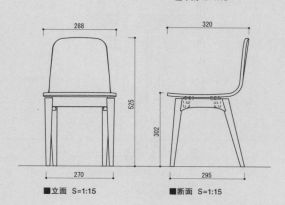

288 / 525 / 270
■立面 S=1:15

320 / 302 / 295
■断面 S=1:15

幼児用、児童用の大小2サイズを用意

座面の幅と奥行きをゆったり取り、座面の高さも低くした。落ち着いて長時間読書をするための椅子

ローチェア

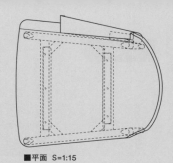

■平面 S=1:15

■立面 S=1:15

■断面 S=1:15

ハイスツール

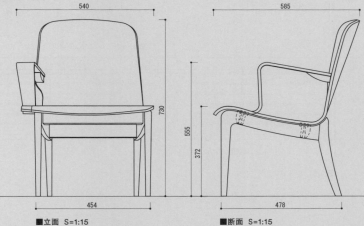

新聞架に用意した座面の高さ600mmの椅子

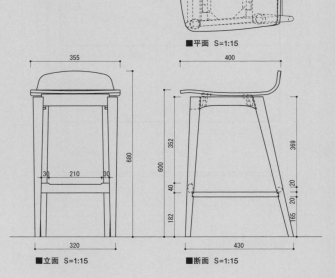

■平面 S=1:15

■立面 S=1:15

■断面 S=1:15

新聞架

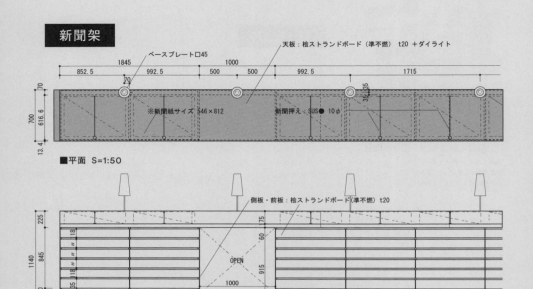

■平面 S=1:50

■立面 S=1:50

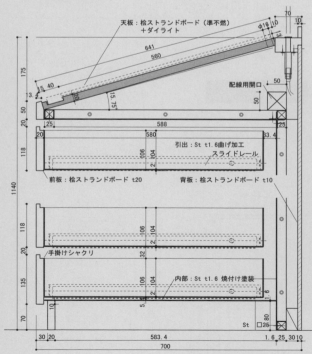

■断面詳細 S=1:10

閲覧台と収納が一体となった新聞架。新聞33紙、バックナンバー1年分の収納を想定。引き出しには、一般紙1カ月収納。固定閲覧16紙、自由閲覧4カ所を用意した

テラス椅子

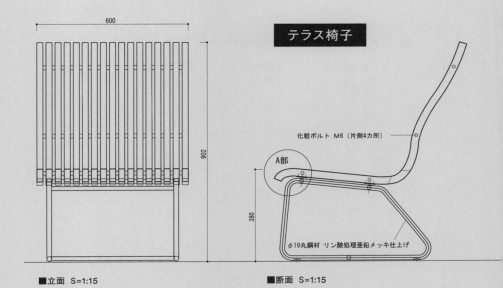

■立面 S=1:15

化粧ボルト M6（片側4カ所）

A部

φ19丸鋼材 リン酸処理亜鉛メッキ仕上げ

■断面 S=1:15

■平面 S=1:15

金華山を望むテラスに設置した外部用椅子。緩やかな木部の傾斜により
ゆったり座ることができる

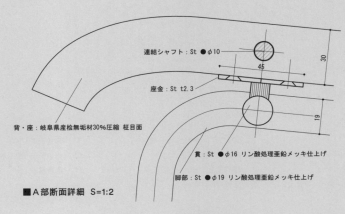

連結シャフト：St ●φ10

座金：St t2.3

背・座：岐阜県産桧無垢材30%圧縮 柾目面

貫：St ●φ16 リン酸処理亜鉛メッキ仕上げ

脚部：St ●φ19 リン酸処理亜鉛メッキ仕上げ

■A部断面詳細 S=1:2

② 台湾大学社会科学院辜振甫先生紀念図書館(2014)

蔵書数=約460,000冊　席数=423席　延床面積=4,645㎡

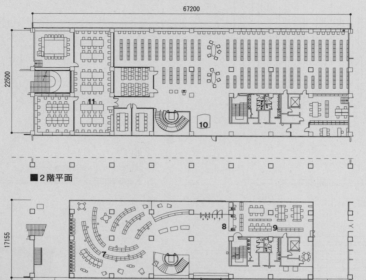

■2階平面

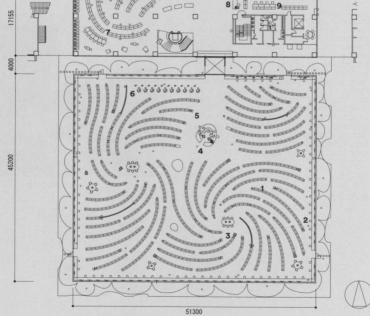

■1階平面　S=1:800

1　書架(→P.89)
2　窓際閲覧カウンター(→P.90)
3　アームチェア(→P.91)
4　コンシェルジュカウンター(→P.92)
5　ブラウジングチェア(→P.98)
6　AVソファ(→P.93)
7　雑誌閲覧コーナー　雑誌架(→P.98)
8　受付カウンター
9　図書館オフィス
10　ベンチ(→P.96)
11　自習室

書架 ②-①

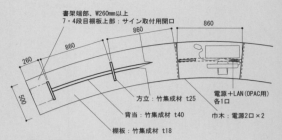

■平面 S=1:50

建築を構成するダブル・スパイラルと書架の関係。書架のデザインによってダブル・スパイラルのラインが顕在化されている。高さは1,438mm、2,452mmで構成し、仕上げは全て竹集成材。棚面は曲面成型加工

上：棚板部ジョイントディテール。下：書架組み立て。養生のため、床カーペットの上に全面ベニヤを敷き詰める。ベニヤの上から配置のスミ出しをし、1台ずつ組み立てる

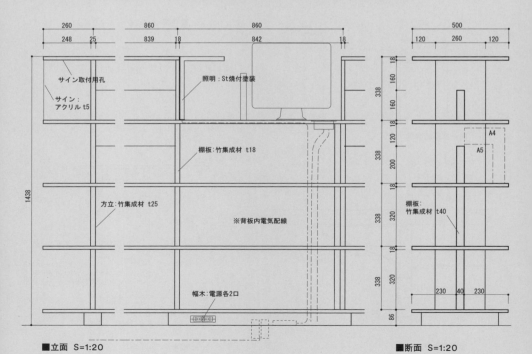

■立面 S=1:20　　　　　　　　　　　　　　　　■断面 S=1:20

窓際閲覧カウンター

ランドスケープの広がりを遮断しないように、脚部の色はサッシュと合わせ、天板の厚みも薄くして、照明も極力細くし、軽やかなイメージに仕上げた。1人当たりの幅は1800mm。長時間勉強する学生のためのゆったりサイズ

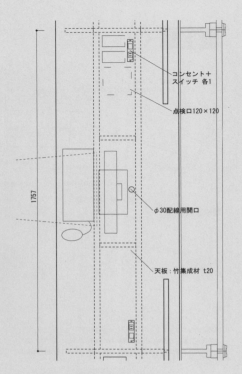

■平面 S=1:20

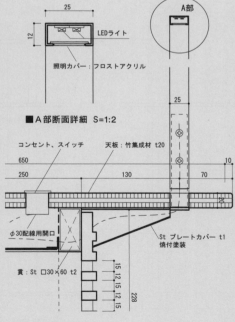

■A部断面詳細 S=1:2

■断面詳細 S=1:5

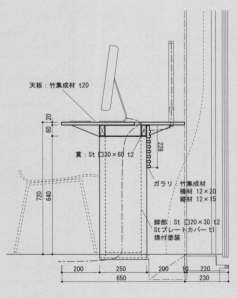

■断面 S=1:20

アームチェア

■平面 S=1:15

座面は竹集成材成型加工。アーム部分は、竹を巻いて仕上げた

■立面断面 S=1:15

背・座：竹積層材 t9
アーム：竹巻付け
脚部：St ●φ12 焼付塗装

■立面 S=1:15

閲覧椅子は全てアームチェア。雑誌コーナーのテーブル椅子はアームレスチェア

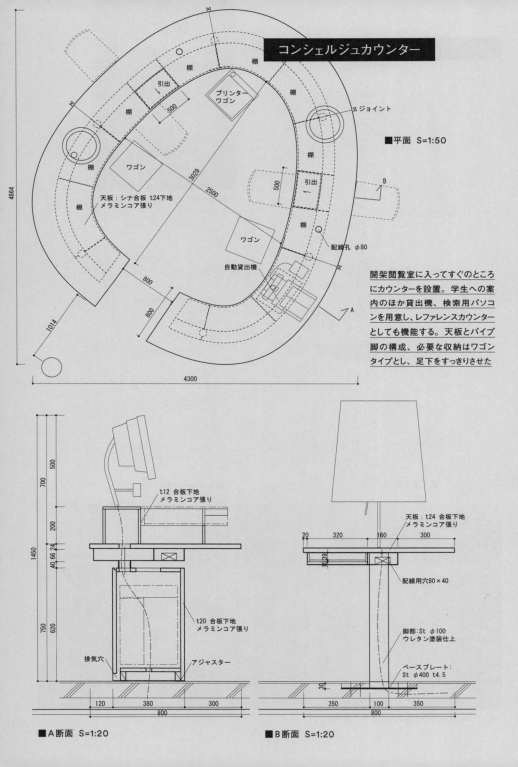

AVソファ ②-③

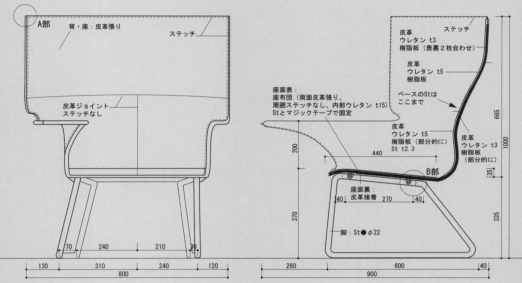

■立面 S=1:15

■断面 S=1:15

スティールの上にウレタン＋革張り。座面は取り外しができるクッション。テーブル状のアームとハイバックが、座る人にリラックス感を与える

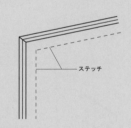

■A部詳細

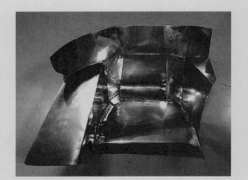

台湾の家具製作所に、座面スティール部の形状を説明するために制作した模型（S=1:5）。この図書館の中で最も製作に難航した家具

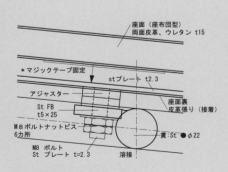

■B部断面詳細 S=1:2

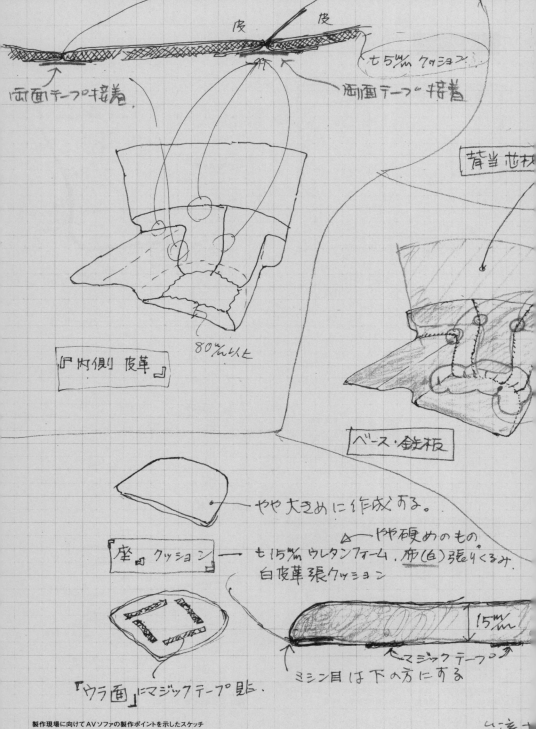

製作現場に向けてAVソファの製作ポイントを示したスケッチ

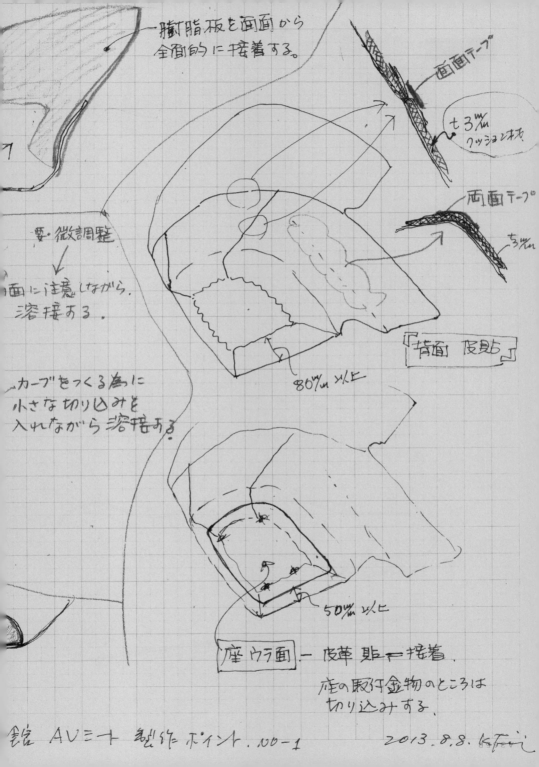

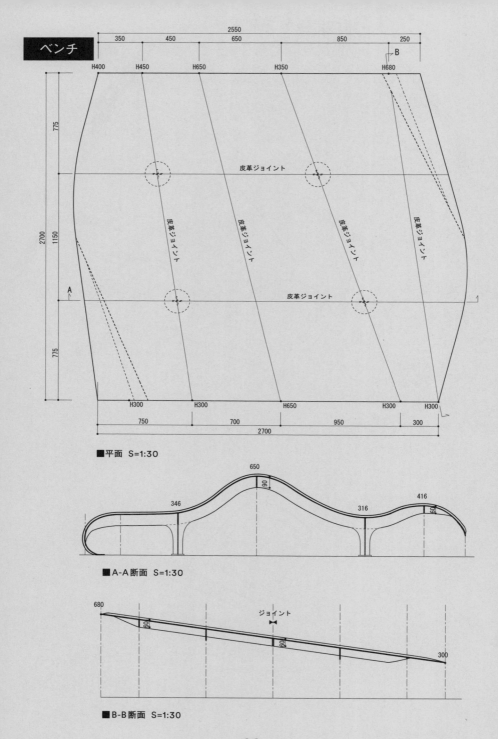

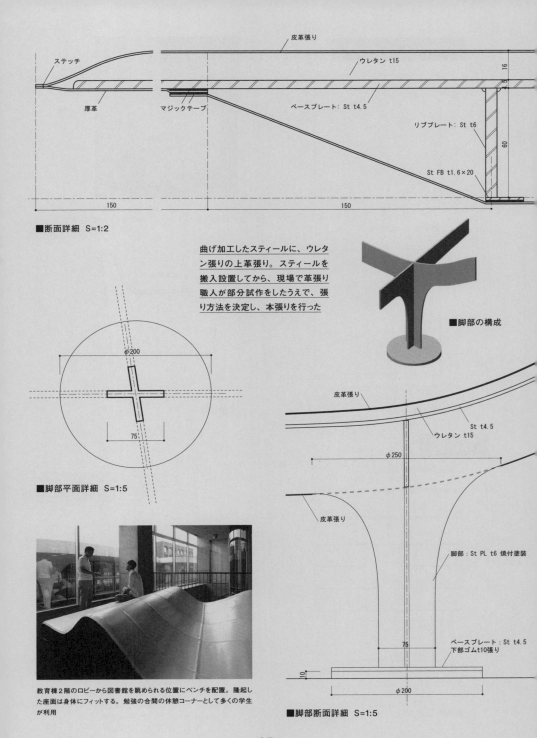

ブラウジングチェア

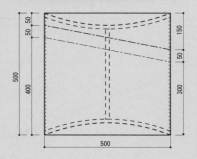

■平面 S=1:15

書架脇に配されたチェア。雑誌コーナーに配置したブラウジングベンチ（大・小）も同じ構成

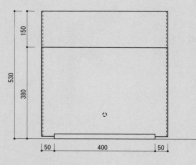

■立面 S=1:15

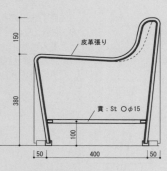

■断面 S=1:15

雑誌架

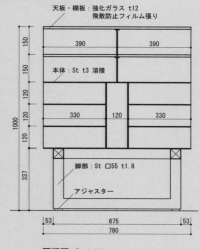

■断面 S=1:20

■アクソノメトリック

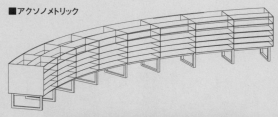

書架のラインの一部と同じ曲線形状の雑誌架。上部3段は雑誌ディスプレイ、下部3段はバックナンバーを収納

③ 真壁伝承館（2011）

蔵書数＝約16,000冊　席数＝約100席　延床面積＝約592㎡（図書館）

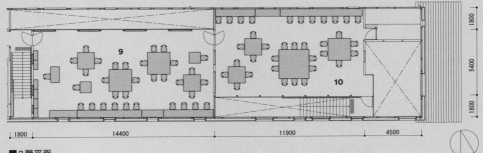

■2階平面

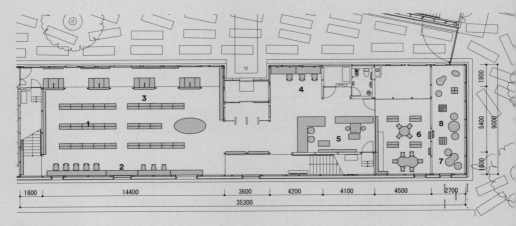

■1階平面　S＝1:300

■展開　S＝1:300

1　書架（→P.100）
2　壁面カウンター（→P.100）
3　キャレル（→P.101）
4　検索・AVコーナー
5　受付カウンター・司書室

6　児童図書室　壁面ディスプレイ（→P.102）
7　児童図書室　テーブル（→P.103）
8　児童図書室　絵本架（→P.103）
9　閲覧室
10　学習室

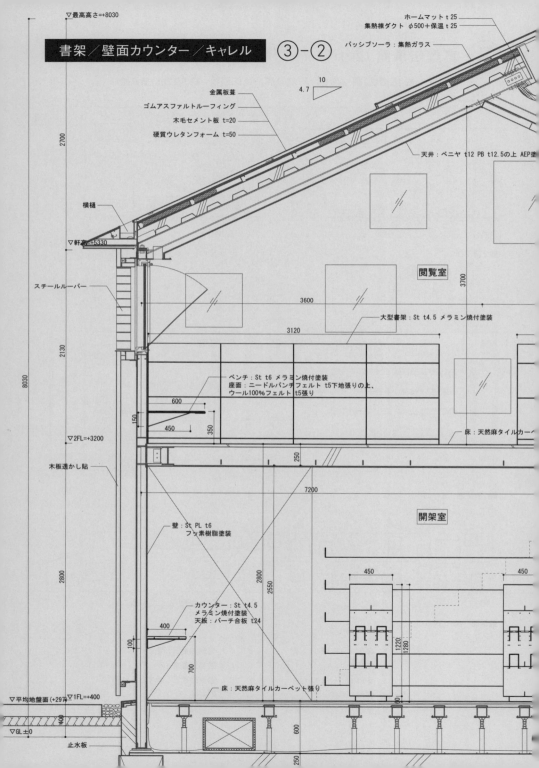

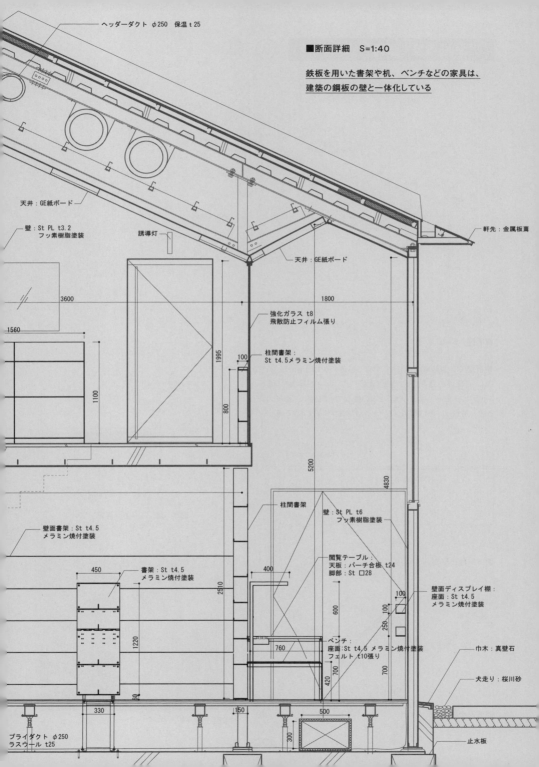

児童図書室 壁面ディスプレイ ③-②

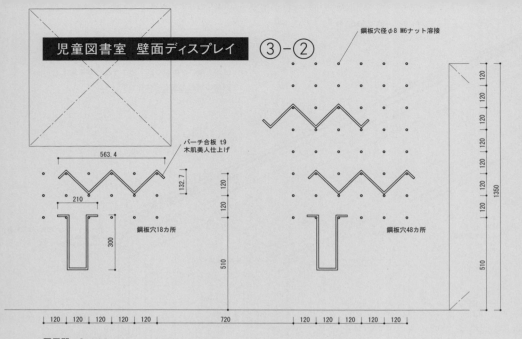

■展開　S=1:20

鋼板壁の有効利用。壁にピンの差し込み穴を120mmピッチで加工し、2種類の棚を使ってさまざまなディスプレイを演出できる。エントランスロビー、ホールホワイエの壁面でも同様に、形状の異なる棚を用意し、さまざまなスタイルのディスプレイができる場とした

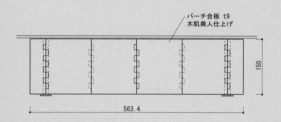

■波形棚板平面　S=1:10

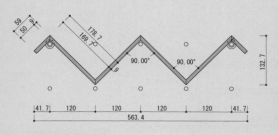

■波形棚板立面　S=1:10

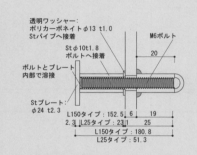

■ピン差し込み断面詳細　S=1:2

絵本やぬいぐるみなどをディスプレイ

テーブル

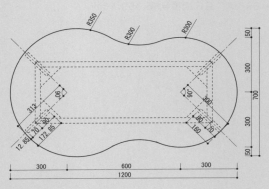

■平面　S=1:20

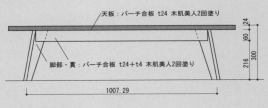

■立面　S=1:20

絵本架

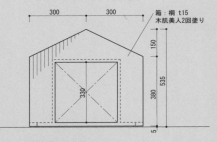

■立面　S=1:20

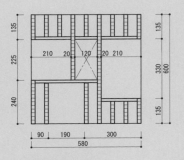

■平断面　S=1:20

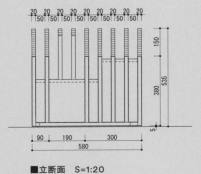

■立断面　S=1:20

児童図書室にはローテーブル、絵本架、クッションなどを配置。親子での紙芝居、絵本の読み聞かせ、お絵描きなど、子どもたちが自由に場所を使うことができる。絵本架は建物の形状からイメージしたデザイン。手触りのよい桐の集成材を使用

多摩美術大学図書館（2007）

蔵書数＝約200,000冊　席数＝390席　延床面積＝56,359.46㎡

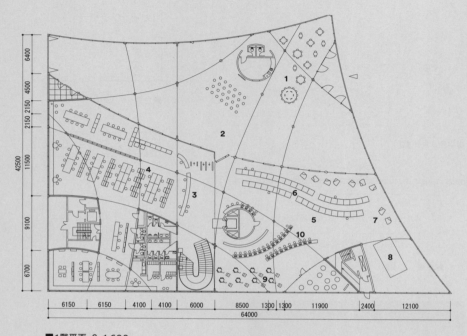

■1階平面　S=1:600

1　カフェエリア
2　アーケードギャラリー
3　受付カウンター
4　オフィスエリア
5　雑誌・新刊・映像エリア
6　マグテーブル（→P.112）
7　マグソファ（→P.113）
8　ラウンジソファ（→P.115）
9　メディアシート（→P.114）
10　メディアバー

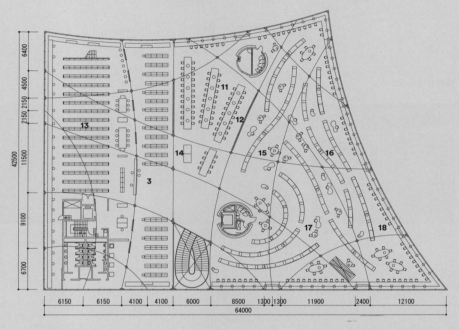

■2階平面

11 閲覧テーブル（→P.110）	15 グループテーブル〈小〉（→P.109）
12 アーチ書架	16 R書架（→P.106）
13 見える閉覧書架	17 閲覧ソファ〈大〉（→P.111）
14 マップケース	18 窓際閲覧テーブル（→P.108）

R書架 ④-②

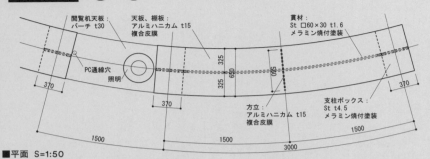

■平面 S=1:50

アルミハニカムの木口にはシリコン押出材を挿入

水平のラインを際立たせるため、中間方立ての存在が見えにくいデザイン

書架に点在するキャレル。OPAC（オンライン蔵書目録）コーナー、閲覧デスクとして利用

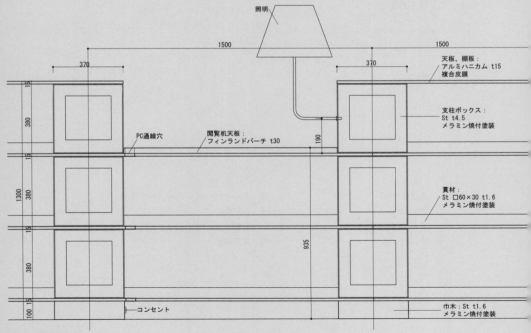

■立面 S=1:20

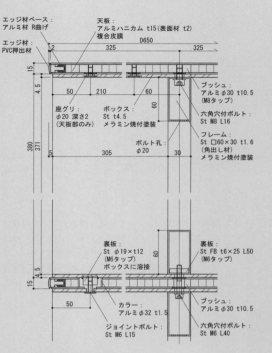

書架試作、耐荷重検査

書架の組み立て風景。スミ出しをした後、順次幅木部を設置

■断面詳細 S=1:5

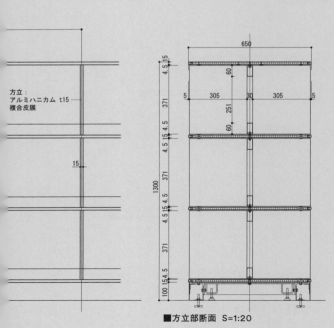

■方立部断面 S=1:20

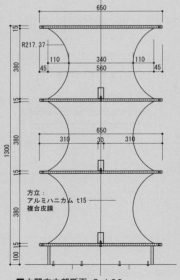

■中間方立部断面 S=1:20

窓際閲覧テーブル ④-①

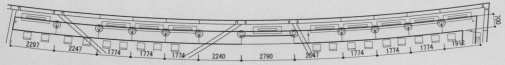

■平面 S=1:200

■立面 S=1:200

窓際には閲覧テーブルを設置。空調の流れを考量して、窓面から約500mm離している。1人当たりの幅は900mm弱。天板は、フィンランドバーチ合板を用い、素材感を活かした塗装で仕上げている（全ての家具に共通）

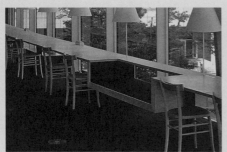

長い閲覧テーブルには、数カ所ベンチを設けた。勉強の合間の休憩や読書コーナーとなっている

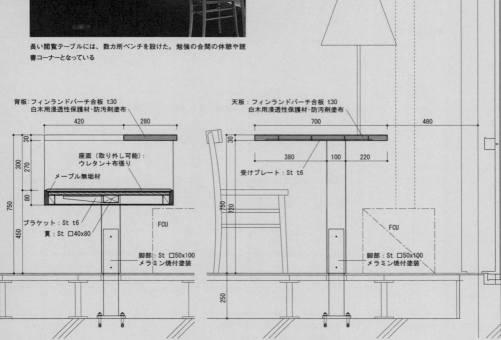

■ベンチ部断面 S=1:20   ■テーブル部断面 S=1:20

グループテーブル〈小〉 ④-①

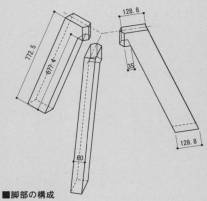

■脚部の構成

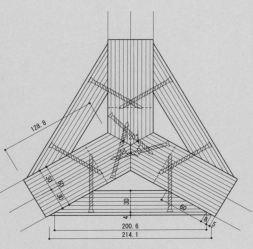

■天板裏平面詳細 S=1:5

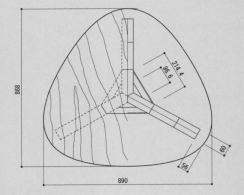

■平面 S=1:20

天板：
フィンランドバーチ合板 t30
白木用浸透性保護材・防汚剤塗布

幕板：
フィンランドバーチ合板 t30＋4
白木用浸透性保護材・防汚剤塗布

脚部：
フィンランドバーチ合板
t30＋30 白木用浸透性保護材・
防汚剤塗布

■立面 S=1:20

大、中、小3種類のテーブルを、書架の隙間に配置。天板、脚部とも厚さ30mmのフィンランドバーチ合板で製作

閲覧テーブル

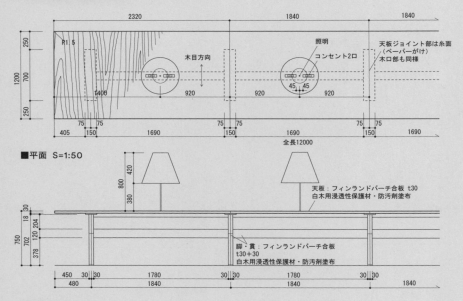

■平面 S=1:50

■立面 S=1:50

■断面 S=1:50　　　　■脚部システム

天板：フィンランドバーチ合板 t30
白木用浸透性保護材・防汚剤塗布

脚・貫：フィンランドバーチ合板
t30+30
白木用浸透性保護材・防汚剤塗布

合板板厚は現物実測のうえ、相欠き部分の調整を行い
組んだときに面が合うようにする

面取りR1.5は
相欠きを組んだ後に行う

全長12mの大テーブルは閲覧テーブルとして利用されている。傍らのアーチには、見通しの良いアーチ書架を設け、緩やかにエリアを間仕切る

閲覧ソファ〈大〉 ④-①

座面の一部が隆起し、背もたれ、テーブルとなる。フォルムを活かすため、表面の仕上げはストレッチ素材の張りぐるみとした

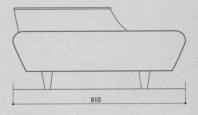

■立面 S=1:20

R書架の間に大・小のソファを配置。書架の間には、こうしたソファやテーブルが点在しており、学生は目的に応じ、居場所を選択できる

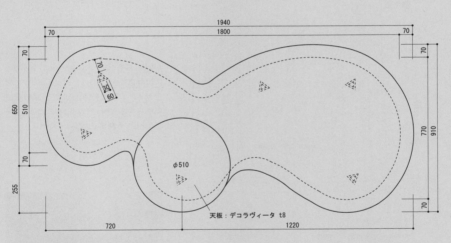

天板：デコラヴィータ t8

■平面 S=1:20

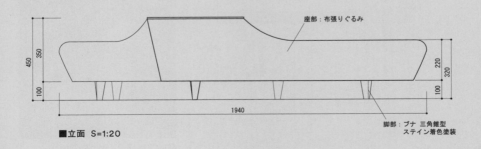

座部：布張りぐるみ

脚部：ブナ 三角錐型 ステイン着色塗装

■立面 S=1:20

マグテーブル

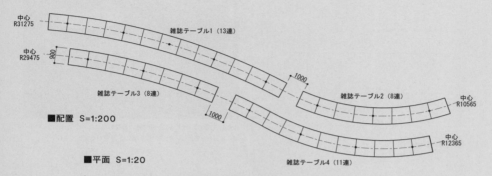

■立面 S=1:200

■配置 S=1:200

■平面 S=1:20

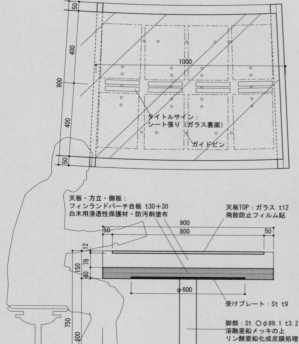

A4サイズをベースにしながらも、大小サイズに対応できるように、差し込みピンで掲示サイズの調整を可能とした。床の傾斜に平行する透明ガラス天板は、閲覧テーブルとしても利用できる

■断面 S=1:20

408タイトル、新聞16紙を収納（開館時）

マグソファ ④-③

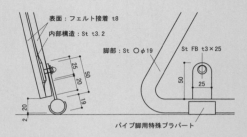

■床設置部断面詳細 S=1:5　■床設置部立面 S=1:5

1階ブラウジングコーナーのマグソファ。鉄板を曲げた形状に、両面厚フェルト張りで仕上げている

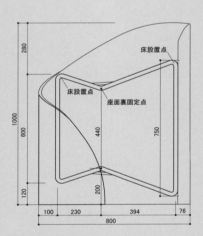

■平面 S=1:20

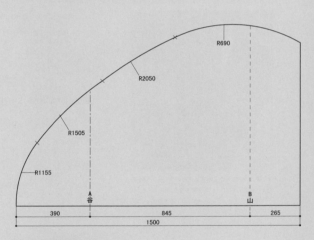

■フェルト部展開 S=1:20

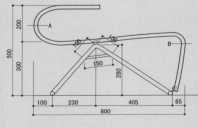

■立面 S=1:20

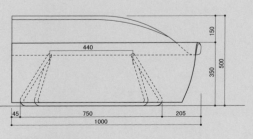

■立面 S=1:20

メディアシート
④-③

上：映像を長時間視聴するためのシート。包み込むような背の形は、パーソナルな空間をつくる。
下：背・ファスナーディテール。利用者が気分に応じて背の形状を調整できる

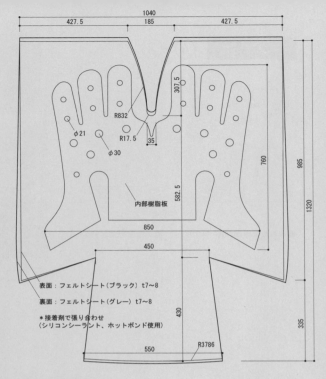

表面：フェルトシート（ブラック）t7〜8
裏面：フェルトシート（グレー）t7〜8
＊接着剤で張り合わせ
（シリコンシーラント、ホットボンド使用）

内部樹脂板

■フェルト部展開　S=1:15

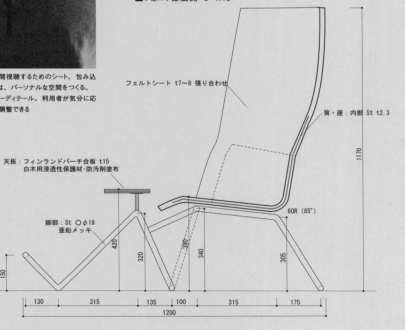

フェルトシート t7〜8 張り合わせ

背・座：内部 St t2.3

天板：フィンランドバーチ合板 t15
白木用浸透性保護材・防汚剤塗布

脚部：St ○φ19
亜鉛メッキ

■断面　S=1:15

ラウンジソファ ④-③

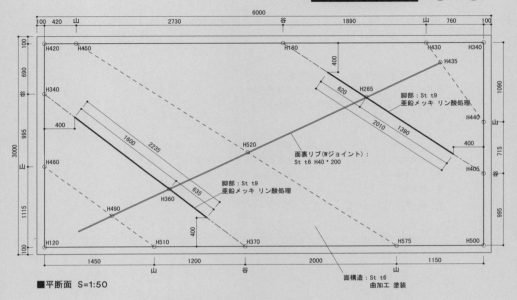

■平断面 S=1:50

■立面 S=1:50

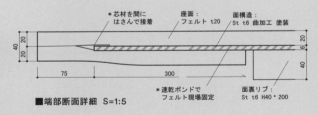

■端部断面詳細 S=1:5

端部ディテール。厚さ20mmのフェルト両面張り

本体の鉄板を搬入・組み立ての後、厚さ20mmのフェルトを現場で接着

⑤ 茅野市民館（2005）

蔵書数＝約340,000冊　席数＝55席　延床面積＝約480㎡（図書室）

JR茅野駅に直結しており、茅野市図書館とネットワークで結ばれている図書室。待ち合わせや電車の待ち時間など、少しの時間でも気軽に立ち寄れる

1　JR茅野駅
2　図書室
3　マルチホール
4　美術館
5　コンサートホール
6　書架（→P.118）
7　児童書コーナー（→P.119）
8　キャレル（→P.119）
9　AVコーナー
10　受付カウンター

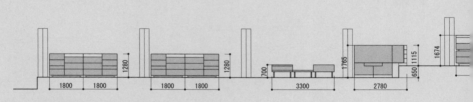

■図書室立面　S=1:200

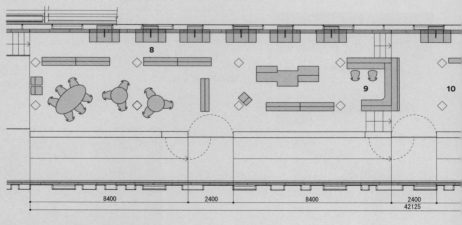

■平面　S=1:200

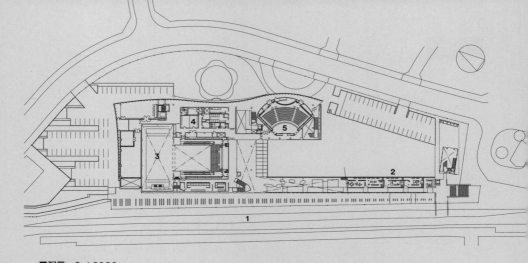

■配置 S=1:2000

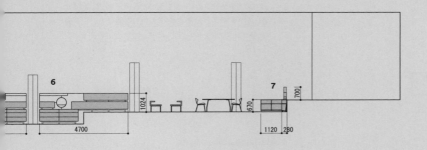

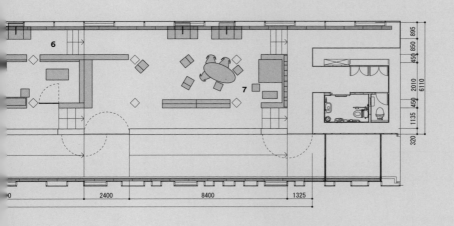

書架 ⑤-①

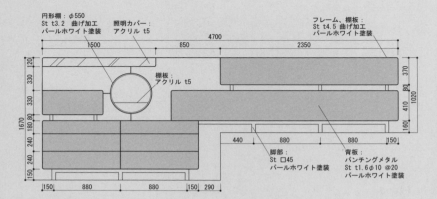

■立面　S=1:50

厚さ4.5mmのスティールを用いた書架。視線が通るように高さを抑え、随所に大小の抜けを設けている。背板をパンチングメタルとし、軽やかな存在感をデザイン

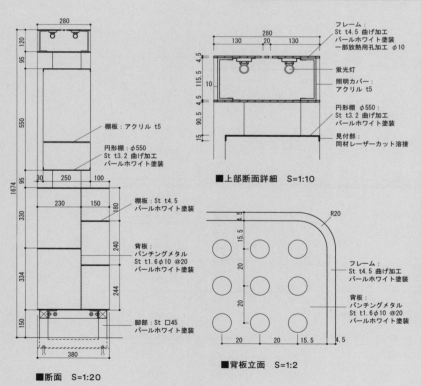

■断面　S=1:20

■上部断面詳細　S=1:10

■背板立面　S=1:2

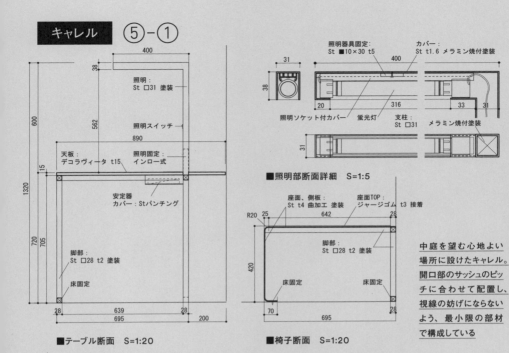

中庭を望む心地よい場所に設けたキャレル。開口部のサッシのピッチに合わせて配置し、視線の妨げにならないよう、最小限の部材で構成している

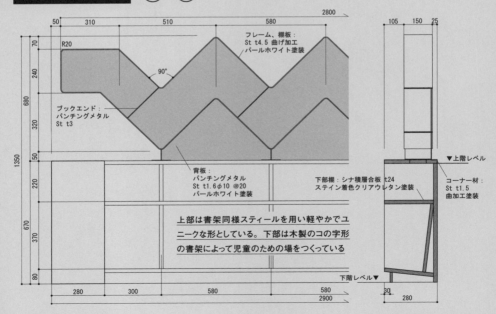

上部は書架同様スティールを用い軽やかでユニークな形としている。下部は木製のコの字形の書架によって児童のための場をつくっている

本 の 空 間
3 3
1982 - 2017

1.慶應義塾大学図書館新館｜2.早稲田大学図書館本庄分館｜3.千里国際学園館 図書室｜4.ノバルティスファーマ 筑波研究所 図書室｜5.YKK R＆Dセンター 2階ライブラリー｜6.奈義町立図書館｜7.香美市立やなせたかし記念館［詩とメルヘン絵本館］｜8.こうち男女共同参画センター［ソーレ］1階情報資料室｜9.女性就業支援センター（旧女性と仕事の未来館）ライブラリー｜10.桐蔭学園メモリアルアカデミウム メモリアルライブラリー｜11.公認会計士会館 図書室｜12.西会津町立西会津中学校図書館｜13.福井県立図書館｜14.大東文化大学板橋キャンパス図書館｜15.おおさ総合センター｜16.茅野市民館｜17.南浦和navio フリースペース｜18.いわて県民情報交流センター［アイーナ］国際交流センター 図書コーナー／環境学習交流センター 図書コーナー｜19.共同通信社研修・交流センター 新聞図書館（実施設計）｜20.多摩美術大学図書館｜21.座・高円寺 2階カフェ絵本コーナー｜22.ゲント市図書館およびニューメディアセンターコンペティション（案）｜23.代官山蔦屋書店招待設計競技（案）｜24.真壁伝承館｜25.東北大学青葉山東キャンパスセンタースクエア［book＋café BOOOK］｜26.東京工業大学附属図書館｜27.金沢海みらい図書館｜28.高志の国文学館｜29.台湾大学社会科学院辜振甫先生紀念図書館｜30.みんなの森 ぎふメディアコスモス｜31.バロック・インターナショナルミュージアム・プエブラ 図書室｜32.荒川区立ゆいの森あらかわ｜33.（仮称）大崎市図書館

① 1982
慶應義塾大学図書館新館

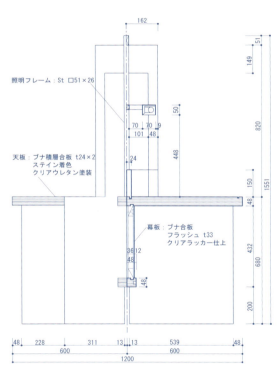

● キャレル　立面断面　S=1:20

□設計内容
ラウンジベンチ（くじらシリーズNo.1くじら）、
受付カウンター、
新聞閲覧台、地図台、
閲覧カウンター、閲覧机、キャレル、
閲覧テーブル、椅子　ほか

■所在地
東京都港区三田2-15-45
■設計
建築：槇総合計画事務所
家具：エンドウプランニング、藤江和子アトリエ
■施工・製作
建築：安藤建設・清水建設・戸田建設共同企業体
家具：髙島屋
■規模
建築面積：1,621㎡
延床面積：15,188㎡
階数：地下5階、地上7階
■設計期間
建築：1978年8月～1979年11月
■施工期間
建築：1980年2月～1981年11月
家具：1982年
■蔵書数
約1,150,000冊（開館時）
■席数
1,100席

② 1985
早稲田大学図書館本庄分館

□設計内容
ラウンジベンチ（くじらシリーズNo.5 火の鳥）、
書架、キャレル、閲覧テーブル　ほか

■所在地
埼玉県本庄市栗崎214
■設計
建築：早稲田大学穂積研究室
家具：藤江和子アトリエ
■施工・製作
建築：鴻池組
家具：寺田木工
■規模
建築面積：1,081.19㎡
延床面積：3,041.71㎡
階数：地下1階、地上2階
■設計期間
建築：1982年2月～1983年10月
■施工期間
建築：1983年12月～1984年10月
家具：1985年

③ 1991
千里国際学園 図書室

□設計内容
受付カウンター

■所在地
大阪府箕面市小野原西4-4-16
■設計
建築：長島孝一＋
AUR建築・都市・研究・コンサルタント
家具：藤江和子アトリエ
■施工・製作
建築：鴻池組大阪本店
家具：二葉工業
■規模
建築面積：7,090.07㎡
延床面積：16,669.96㎡
階数：地下1階、地上4階
■設計期間
建築：1989年4月～1990年1月
■施工期間
建築：1990年2月～1991年3月

④ 1993
ノバルティスファーマ
筑波研究所 図書室

□設計内容
受付カウンター、雑誌架、新聞ラック、
キャレル、貴重品ロッカー　ほか

■所在地
茨城県つくば市大久保8
■設計
建築：槇総合計画事務所
家具：藤江和子アトリエ
■施工・製作
建築：清水建設
家具：髙島屋、日本ファイリング
■規模
建築面積：48,374.05㎡
延床面積：20,791.65㎡
階数：地下1階、地上4階
■設計期間
建築：1990年8月〜1991年7月
■施工期間
建築：1991年9月〜1993年3月

⑤ 1993
YKK R&Dセンター
2階ライブラリー

□設計内容
ライブラリー書棚（5種類）

■所在地
東京都墨田区亀沢3-22-1
■設計
建築：槇総合計画事務所
家具：藤江和子アトリエ
■施工・製作
建築：竹中工務店・清水建設・
三井建設共同企業体
家具：髙島屋
■規模
建築面積：3,531.72㎡
延床面積：22,512.36㎡
階数：地下1階、地上8階
■設計期間
建築：1989年1月〜1990年5月
■施工期間
建築：1990年12月〜1993年4月

⑥ 1994
奈義町立図書館

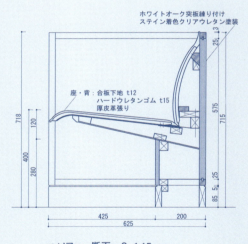

● ソファ　断面　S=1:15

□設計内容
受付カウンター、ビデオブース、キャレル、ソファ、テーブル　ほか

■所在地
岡山県勝田郡奈義町豊沢441
■設計
建築：磯崎新アトリエ
家具：藤江和子アトリエ
■施工・製作
建築：大成建設
家具：天満屋ハウジング、天童木工
■規模
建築面積：1,545.03㎡
延床面積：1,887.21㎡
階数：地上2階
■設計期間
建築：1991年8月～1992年8月
■施工期間
建築：1992年10月～1994年3月
■蔵書数
27,000冊（開館時）

⑦ 1998

香美市立やなせたかし記念館［詩とメルヘン絵本館］

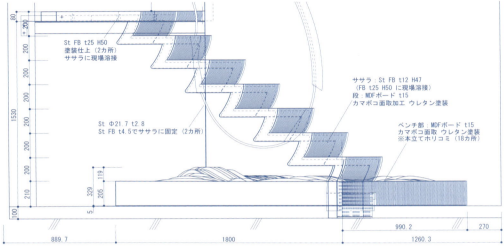

● 階段　断面　S=1:30

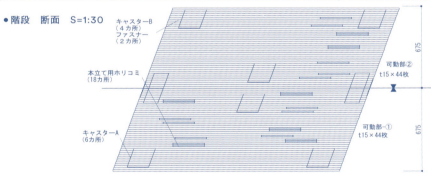

● ベンチ部平面　S=1:30

□設計内容
階段（くじらシリーズ No.29 ピアノフォルテ）、
絵本架、スツール

■所在地
高知県香美市香北町韮生野379
■設計
建築：古谷誠章＋NASCA
家具：藤江和子アトリエ
■施工・製作
建築：奥村組　家具：チェリア

■規模
建築面積：254.4㎡
延床面積：458.4㎡
階数：地下1階、地上2階
■設計期間
建築：1997年1〜8月
家具：1998年4〜8月
■施工期間
建築：1997年10月〜1998年7月
家具：1998年6〜9月

⑧ 1998
こうち男女共同参画センター［ソーレ］
1階情報資料室

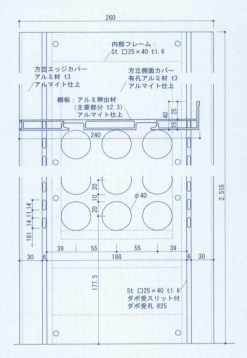

● 書架　断面詳細　S＝1:5

□設計内容
書架、受付カウンター、
AVテーブル　ほか

■所在地
高知県高知市旭町3-115
■設計
建築：上田建築事務所
家具：藤江和子アトリエ
■施工・製作
建築：住友・宮崎・戸梶建設共同企業体
家具：大丸装工
■規模
建築面積：1,629.05㎡
延床面積：4,915.60㎡
■設計期間
建築：1995年10月〜1996年12月
家具：1996年5月〜1998年6月
■施工期間
建築：1997年7月〜1998年10月
家具：1998年4〜12月
■蔵書数
開架：11,000冊（開館時）
■席数
34席（開館時）

⑨ 1999
女性就業支援センター
（旧女性と仕事の未来館）ライブラリー

□設計内容
書架、受付カウンター、雑誌架、キャレル　ほか

■所在地
東京都港区芝5-35-3
■設計
建築：佐藤総合計画
アートワーク：アートワークプランニング
家具：藤江和子アトリエ
■施工・製作
建築：前田・長谷川・石原共同企業体
家具：丸善、大丸装工
■規模
建築面積：2,744.72㎡
延床面積：20,980.91㎡
階数：地下2階、地上14階
■設計期間
建築：1995年9月〜1996年3月
家具：1996年10月〜1998年12月
■施工期間
建築：1996年9月〜1999年10月
家具：1999年1〜9月
■蔵書数
約70,000冊（開館時）
■席数
30席（開館時）

⑩ 2001
桐蔭学園メモリアル
アカデミウム　メモリアルライブラリー

□設計内容
書架、賢人ブース、テーブル　ほか

■所在地
神奈川県横浜市青葉区鉄町桐蔭学園内
■設計
建築：粟生総合計画事務所
家具：藤江和子アトリエ
■施工・製作
建築：清水建設
家具：大丸装工
■規模
建築面積：2,258.61㎡
延床面積：5,669.99㎡
階数：地下2階、地上2階
■設計期間
建築：1997年4月〜1998年3月
家具：1999年6月〜2000年7月
■施工期間
建築：1998年12月〜2001年4月
家具：2000年5〜11月
■蔵書数
約18,000冊
■席数
40席

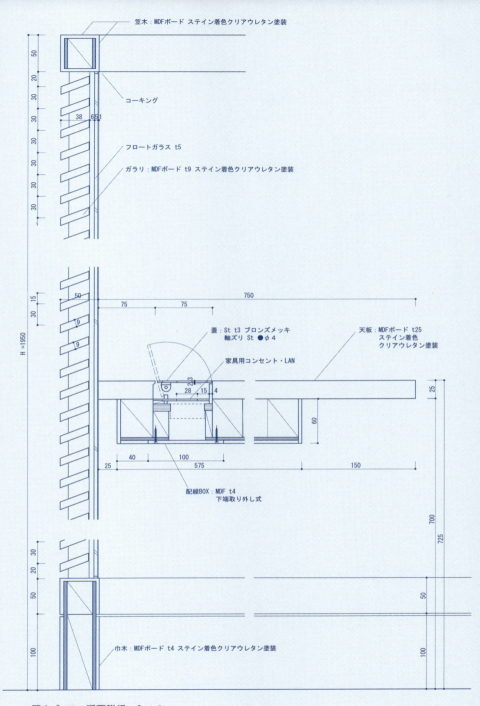

●賢人ブース　断面詳細　S=1:5

⑪ 2001
公認会計士会館 図書室

□設計内容
書架、受付カウンター、雑誌架、キャレル　ほか

■所在地
東京都千代田区九段南4-4-1
■設計
建築：佐藤総合計画　家具：藤江和子アトリエ
■施工・製作
建築：鹿島建設　家具：髙島屋工作所
■規模
建築面積：696.00㎡
延床面積：5,827.04㎡
階数：地下2階、地上8階
■設計期間
建築：1999年10月～2000年3月
家具：2000年1～12月
■施工期間
建築：2000年7月～2001年10月
家具：2001年1～11月
■席数
20席

⑫ 2001
西会津町立
西会津中学校図書館

□設計内容
書架、受付カウンター、
窓際閲覧カウンター　ほか

■所在地
福島県耶麻郡西会津町尾野本字新森野87
■設計
建築：清水公夫研究所
家具：藤江和子アトリエ
■施工・製作
建築：武田土建工業
家具：大丸装工
■規模
建築面積：5,702.64㎡
延床面積：9,905.69㎡（図書館：609㎡）
階数：地上3階（図書館：地上2階）
■設計期間
建築：1999年12月～2000年3月
家具：2000年11月～2001年5月
■施工期間
建築：2000年4月～2001年3月
家具：2001年6～12月

⑬ 2002
福井県立図書館

□設計内容
受付カウンター、新刊本架、
AVブース　ほか

■所在地
福井県福井市下馬町51-11
■設計
建築：槇総合計画事務所
家具：藤江和子アトリエ
■施工・製作
建築：前田建設工業・松尾工務店・
前川元組・技建工業共同企業体
家具：日本ファイリング
■規模
建築面積：12,919㎡
延床面積：18,436㎡
階数：地下1階、地上4階
■設計期間
建築：1997年10月〜1999年3月
家具：2000年10月〜2002年4月
■施工期間
建築：2000年11月〜2002年8月
家具：2002年5〜8月
■蔵書数
約910,000冊
■席数
508席

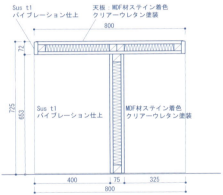

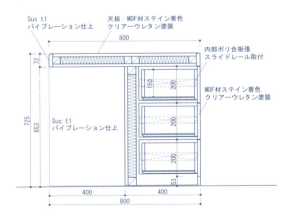

● 受付カウンター　断面　S=1:20

14 2003
大東文化大学板橋キャンパス図書館

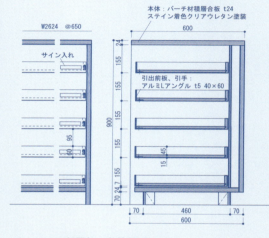

● 新聞架　立断面　S=1:20

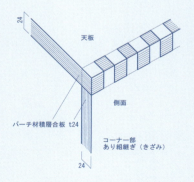

● コーナー部詳細　S=1:10

□設計内容
受付カウンター、新刊本架、
新聞架、地図架、
窓際閲覧カウンター、閲覧テーブル、
ブラウジングテーブル+ベンチ、
ブラウジングベンチ、椅子　ほか

■所在地
東京都板橋区高島平1-9-1
■設計
建築：中村勉総合計画事務所、
山本・堀アーキテクツ設計共同体
照明デザイン：近田玲子デザイン事務所
家具：藤江和子アトリエ
■施工・製作
建築：大林組
家具：東武、丸善、日本ファイリング、
天童木工、山本金属
■規模
建築面積：2,397.05㎡
延床面積：7,269.23㎡
階数：地下1階、地上5階
■設計期間
建築：2001年7月〜2002年6月
家具：2003年3〜5月
■施工期間
建築：2002年8月〜2003年8月
家具：2003年5〜9月
■蔵書数
約1,412,000冊（開架+閉架）
■席数
551席

⑮ 2005

おおさ総合センター

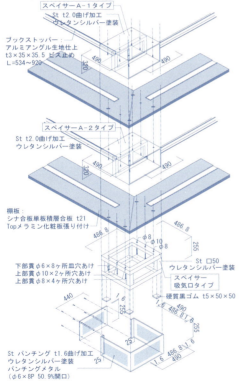

● L形書架 コーナー部詳細 S=1:50

□設計内容
L形書架、円形書架、受付カウンター、
閲覧テーブル、検索テーブル、ソファ ほか

■所在地
岡山県新見市大佐小阪部1469-1
■設計
建築:丹羽建築設計事務所
家具:藤江和子アトリエ
■施工・製作
建築:中村建設・村上工業共同企業体
家具:小松木工、テクノウッド寺田、川上タンス
■規模
建築面積:1,793㎡
延床面積:2,603㎡
階数:地上3階
■設計期間
建築:2003年4月〜2004年1月
家具:2004年7〜10月
■施工期間
建築:2004年3月〜2005年1月
家具:2004年11月〜2005年1月
■蔵書数
約10,000冊
■席数
50席

⑯ 2005
茅野市民館（→P.62・116）

□設計内容
書架、受付カウンター、児童書コーナー、キャレル、ベンチ　ほか

■所在地
長野県茅野市塚原1-1-1
■設計
建築：NASCA＋茅野市設計事務所協会
家具：藤江和子アトリエ
■施工・製作
建築：清水建設・丸清建設共同企業体
家具：丸善、天童木工
■規模
建築面積：6,011.49㎡
延床面積：10,806.37㎡
階数：地下1階、地上3階
■設計期間
建築：2002年3月〜2003年1月
家具：2002年7月〜2004年7月
■施工期間
建築：2003年7月〜2005年3月
家具：2004年4月〜2005年7月
■蔵書数
約340,000冊
■席数
55席

⑰ 2005
南浦和navio
フリースペース

□設計内容
書架、可動書架、アクリルショーケース　ほか

■所在地
埼玉県さいたま市南区南本町2-14-15
■設計
建築：山本・堀アーキテクツ
家具：藤江和子アトリエ
■施工・製作
建築：大成建設
家具：ワイスワイス、ミナキ
■規模
建築面積：137.6㎡
延床面積：697.5㎡
階数：地上7階
■設計期間
建築：2004年3〜11月
家具：2004年9月、2005年3〜7月
■施工期間
建築：2004年12月〜2005年8月
家具：2005年8〜9月

⑱ 2006
いわて県民情報交流センター［アイーナ］
国際交流センター 図書コーナー／環境学習交流センター 図書コーナー

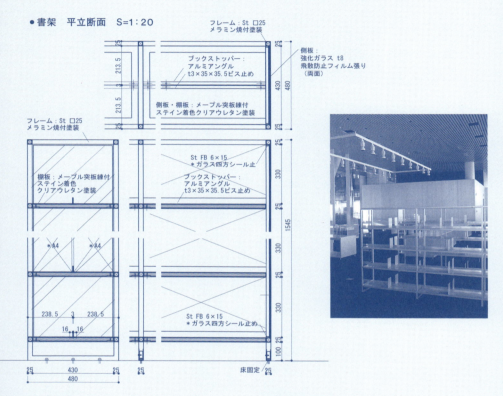

● 書架 平立断面 S=1:20

□設計内容
書架、壁面書架、可動書架、
雑誌架、新聞架 ほか

■所在地
岩手県盛岡市盛岡駅西通1-7-1
■設計
建築：日本設計、曽根幸一・環境設計研究所、
久慈設計共同企業体
アートワーク：
TOSHIO SHIMIZU ART OFFICE
照明デザイン：LPA
家具：藤江和子アトリエ

■施工・製作
建築：鹿島・宮城・菱和・石川JV
家具：アイチ、丹青社
■規模
建築面積：7,854.61㎡
延床面積：45,874.84㎡
階数：地下1階、地上9階
■設計期間
建築：2000年9月〜2002年5月
家具：2001年1月、2005年3月
■施工期間
建築：2003年3月〜2006年3月
家具：2005年1月〜2006年3月

⑲ 2006
共同通信社研修・交流センター
新聞図書館（実施設計）

□設計内容
新聞架、受付カウンター、展示　ほか

■所在地
東京都中央区
■設計
建築：KAJIMA DESIGN
家具：藤江和子アトリエ
■規模
延床面積：5,293㎡
階数：地上4階
■設計期間
家具：2005年10〜2006年1月

⑳ 2007
多摩美術大学図書館
（→P.48・104）

□設計内容
R書架、アーチ書架、DVD架、マグテーブル、メディアバー、窓側閲覧テーブル、閲覧テーブル、メディアシート、マグソファ、ラウンジソファ　ほか

■所在地
東京都八王子市鑓水2-1723
■設計
建築：伊東豊雄建築設計事務所
家具：藤江和子アトリエ
■施工・製作
建築：鹿島建設
家具：丸善、YKK AP、イノウエインダストリィズ、アトリエ海
照明：ヤマギワ
■規模
建築面積：2,224.59㎡
延床面積：5,639.46㎡
階数：地下1階、地上2階
■設計期間
建築：2004年4月〜2005年10月
家具：2006年7〜11月
■施工期間
建築：2005年11月〜2007年2月
家具：2006年11月〜2007年6月
■蔵書数
約200,000冊（開架＝117,000冊）
■席数
390席

㉑ 2009

座・高円寺 2階カフェ絵本コーナー

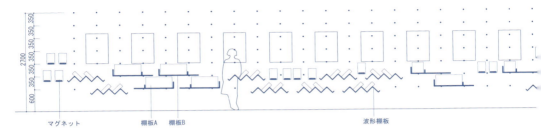

● 壁面ディスプレイ展開　S=1:100

マグネット　棚板A　棚板B　波形棚板

□設計内容
壁面ディスプレイ

■所在地
東京都杉並区高円寺北2-1-2
■設計
建築：伊東豊雄建築設計事務所
家具：藤江和子アトリエ
■施工・製作
建築：大成建設
家具：イノウエインダストリィズ
■規模
建築面積：1,107.86㎡
延床面積：4,977.74㎡
階数：地下3階、地上3階
■設計期間
建築：2005年6月～2006年3月
家具：2008年9月～2009年1月
■施工期間
建築：2006年12月～2008年11月
家具：2009年1月～2009年3月

㉒ 2010
ゲント市図書館およびニューメディアセンターコンペティション(案)

㉓ 2010
代官山蔦屋書店招待設計競技(案)

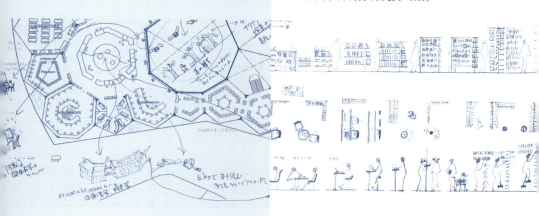

□設計内容
家具全般

■所在地
ゲント市(ベルギー)
■設計
建築：伊東豊雄建築設計事務所
家具：藤江和子アトリエ
■設計期間
家具：2010年4月

□設計内容
家具全般

■所在地
東京都渋谷区猿楽町
■設計
建築：古谷誠章＋NASCA
家具：藤江和子アトリエ
■設計期間
家具：2010年4月

㉔ 2011

真壁伝承館
(→P.40・99)

□設計内容
書架、壁面カウンター、キャレル、児童図書室
(壁面ディスプレイ、絵本架、テーブル) ほか

■所在地
茨城県桜川市真壁町真壁198
■設計
建築：渡辺真理＋木下庸子＋山口智久／
設計組織ADH
構造設計：新谷眞人／オーク構造設計
照明デザイン：稲葉裕／FORLIGHT
家具：藤江和子アトリエ
■施工・製作
建築：五洋建設
家具：岡村製作所、天童木工
■規模
建築面積：1,728.84㎡
延床面積：2,742.64㎡ (図書館＝約592㎡)
階数：地上2階
■設計期間
建築：2008年1月～2009年10月
家具：2009年1～8月
■施工期間
建築：2009年11月～2011年6月
家具：2010年3月～2011年5月
■蔵書数
約16,000冊
■席数
約100席

㉕ 2011

東北大学青葉山東キャンパス
センタースクエア
[book＋café BOOOK]

□設計内容
書架、閲覧カウンター、ディスプレイ台　ほか

■所在地
宮城県仙台市青葉区荒巻字青葉6-6
■設計
構想：小野田泰明／東北大学工学研究科都市・
建築学専攻　建築：山本・堀アーキテクツ
サイン：秋山伸／シュトウッコ
選書：幅允孝／BACH
家具：藤江和子アトリエ
■施工・製作
建築：銭高組
家具：岡村製作所、髙島屋スペースクリエイツ
■規模
建築面積：974㎡
延床面積：938㎡
階数：地上1階
■設計期間
建築：2008年4月～2009年3月
家具：2008年4月～2009年11月
■施工期間
建築：2009年9月～2011年3月
家具：2009年12月～2010年3月
■蔵書数
約25,000冊
■席数
約50席

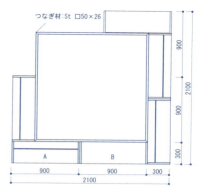

● 書架　平面　S＝1:50

本体、棚板：シナ共芯合板 t21 ポリt2.5
　　　　　　両面貼り、木口出し
Aタイプ背板：シナ共芯合板 t6 ポリ t2.5
　　　　　　両面貼り、木口出し
Bタイプ背板：シナ共芯合板 t6 ポリ t2.5
　　　　　　両面貼り 穴開け加工@19、木口出し
つなぎ材：　 St □25, 40×25 メラミン焼付塗装

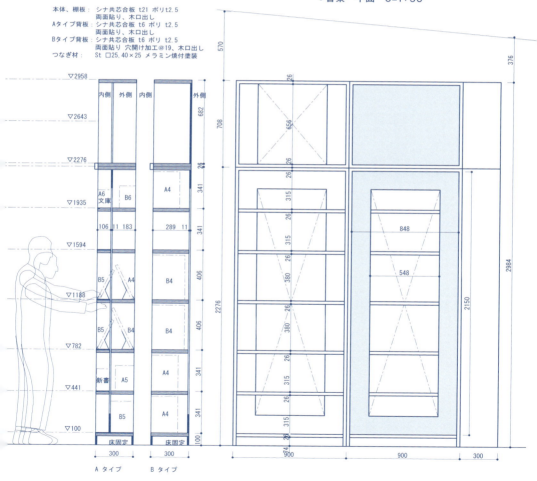

● 書架　断面立面　S＝1:30

㉖ 2011
東京工業大学附属図書館

□設計内容
書架、受付カウンター、新聞架、検索台、
閲覧カウンター、閲覧テーブル、
タスク照明、椅子　ほか

■所在地
東京都目黒区大岡山2-12-1
■設計
建築：東京工業大学安田幸一研究室＋
佐藤総合計画
家具：藤江和子アトリエ
■施工・製作
建築：銭高組
家具：岡村製作所、キハラ、天童木工、
丸善、三越環境デザイン

■規模
建築面積：1,933.63㎡
延床面積：8,587.88㎡
階数：地下2階、地上3階
■設計期間
建築：2008年7月～2009年2月
家具：2008年11月～2010年6月
■施工期間
建築：2009年4月～2011年2月
家具：2010年7月～2011年5月
■蔵書数
約640,000冊
■席数
721席

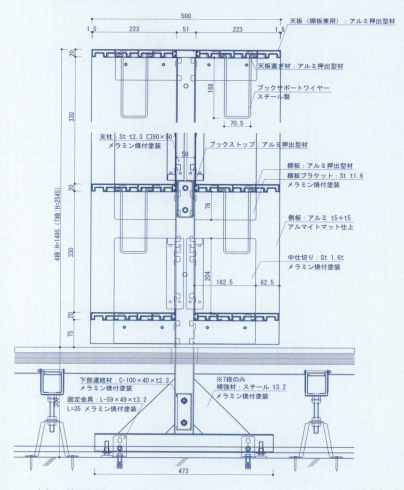

● 書架　断面詳細　S=1:10

㉗ 2011
金沢海みらい図書館

□設計内容
受付カウンター、新聞架、窓際閲覧カウンター、
閲覧テーブル、新聞閲覧テーブル、タスク照明　ほか

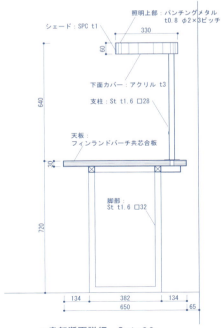

● 書架断面詳細　S=1:20

■所在地
石川県金沢市寺中町イ1-1
■設計
建築：シーラカンスK&H
家具：藤江和子アトリエ
■施工・製作
建築：戸田・兼六・高田特定建設工事共同企業体
家具：大和ハウジング、天童木工、
日本ファイリング、ヒガシ、山岸製作所
照明：ヤマギワ
■規模
建築面積：2,311.91㎡
延床面積：5,641.90㎡
階数：地下1階、地上3階
■設計期間
建築：2008年8月〜2009年6月
家具：2009年1月〜2010年7月
■施工期間
建築：2009年9月〜2011年3月
家具：2010年8月〜2011年3月
■蔵書数
約400,000冊
■席数
313席

28 2012
高志の国文学館

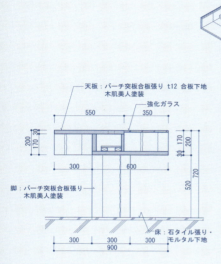

● デスクライブラリー　アクソノメトリック

● デスクライブラリー　断面　S=1：30

□設計内容
アクリル書架、受付カウンター、
デスクライブラリー、児童壁面書架、
絵本架、ミュージアムショップ、ソファ　ほか

■所在地
富山県富山市舟橋南町2-22
■設計
建築：シーラカンスアンドアソシエイツCAn
ランドスケープ：宮城俊作／PLACE MEDIA
照明デザイン：岩井達弥光景デザイン
家具：藤江和子アトリエ
■施工・製作
建築：日本海建興・三由建設・
ミヅホ建設共同企業体
家具：米三、テクノウッド寺田、天童木工
照明：ヤマギワ、川原隆邦（蛭谷和紙）
■規模
建築面積：2,738.64㎡
延床面積：3,070.62㎡
階数：地下1階、地上2階
■設計期間
建築：2010年7月～2011年6月
家具：2010年11月～2011年4月
■施工期間
建築：2011年7月～2012年6月
家具：2011年7月～2012年3月

㉙ 2014

台湾大学社会科学院
辜振甫先生紀念図書館

(→P.26・88)

□設計内容
書架、コンシェルジュカウンター、雑誌架、
展示台、ロッカー、検索テーブル、
窓際閲覧カウンター、AVソファ、ベンチ、
ブラウジングチェア、アームチェア、照明 ほか

■所在地
台北市大安區羅斯福路四段1號(台湾)
■設計
建築:伊東豊雄建築設計事務所、
宗邁建築師事務所、大涵學乙設計工程
家具:藤江和子アトリエ
照明デザイン協力:岡安泉
■施工・製作
建築:互助営造
家具:実験林、互助営造+李秋煌
■規模
建築面積:6,776.89㎡
延床面積:53,231.69㎡(図書館=4,645㎡)
階数:地下2階、地上8階
(図書館=地下1階、地上2階の一部)
■設計期間
建築:2006年8月〜2009年10月
家具:2009年10月〜2013年12月
■施工期間
建築:2010年2月〜2013年5月
家具:2013年1月〜2014年5月
■蔵書数
約460,000冊(閉架=140,000冊)
■席数
423席

㉚ 2015

みんなの森
ぎふメディアコスモス

(→P.6・74)

□設計内容
書架、児童書架、受付カウンター、
レファレンスカウンター、児童カウンター、雑誌架、
窓際閲覧カウンター、閲覧テーブル、ブラウジ
ングソファ、AVシート、ベンチ、椅子 ほか

■所在地
岐阜県岐阜市司町40-5
■設計
建築:伊東豊雄建築設計事務所
構造:ARUP　照明デザイン:LPA
テキスタイルデザイン:安東陽子
サインデザイン:原デザイン研究所
家具:藤江和子アトリエ
■施工・製作
建築:戸田建設・大日本土木・市川工務店・
雛屋建設社・特定建設工事共同企業体
家具:旭ビルウォール、イビケン、榎本木工、
岡村製作所、オリバー、カネヒコ・林建設、
飛騨産業、丸善、三越伊勢丹プロパティ・デ
ザイン、YMK長岡
■規模
建築面積:7,530.56㎡
延床面積:15,444.23㎡
階数:地下1階、地上2階
■設計期間
建築:2011年2月〜2012年3月
家具:2011年4月〜2014年12月
■施工期間
建築:2013年7月〜2015年2月
家具:2013年7月〜2015年5月
■蔵書数
約300,000冊(開架)
■席数
910席

㉛ 2016

バロック・インターナショナルミュージアム・プエブラ　図書室

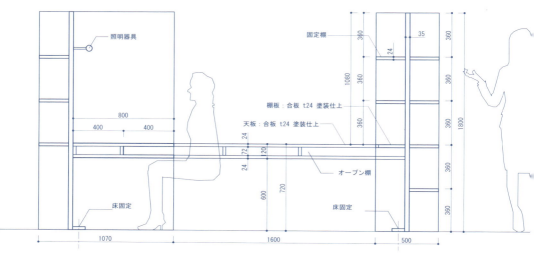

● スタディゾーンデスク　断面　S=1:30

□設計内容
書架、受付カウンター、閲覧カウンター、
閲覧デスク、ベンチ　ほか

■所在地
プエブラ州（メキシコ）
■設計
建築：伊東豊雄建築設計事務所
家具：藤江和子アトリエ
■施工・製作
建築：Grupo Hermes
家具：DEC hospitality

■規模
建築面積：9,855㎡
延床面積：18,149㎡
階数：地上2階
■設計期間
建築：2012年8月〜2013年11月
家具：2013年3〜10月
■施工期間
建築：2014年9月〜2016年2月
家具：2015年6月〜2016年2月

㉜ 2017
荒川区立ゆいの森あらかわ

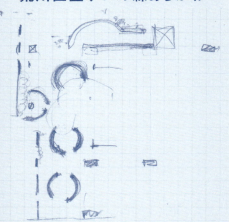

□設計内容
書架、児童書架、ティーンズ書架、壁面書架、
受付カウンター、新聞架、閲覧カウンター　ほか

■所在地
東京都荒川区
■設計
建築：梓設計
家具：藤江和子アトリエ
■施工・製作
建築：熊谷組・坪井工業・東工務店共同企業体
家具：岡村製作所社製、日本ファイリング社製
■規模
建築面積：2,730.39㎡
延床面積：10,943.74㎡
階数：地下1階、地上5階
■設計期間
建築：2011年10月〜2014年3月
家具：2012年2月〜2014年3月
■施工期間
建築：2014年10月〜2017年1月（予定）
家具：2015年1月〜2016年12月（予定）
■蔵書数
約600,000冊（閉架＝300,000冊）
■席数
約800席

㉝ 2017
（仮称）大崎市図書館

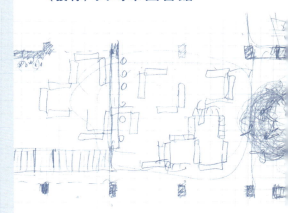

□設計内容
書架、受付カウンター、雑誌架、展示、
閲覧テーブル、ブラウンジングベンチ、ベンチ　ほか

■所在地
宮城県大崎市
■設計
建築：佐藤総合計画
家具：藤江和子アトリエ
■施工・製作
建築：村田工務所・荒谷土建共同企業体
■規模
建築面積：4,284.62㎡
延床面積：6,357.67㎡
階数：地上2階
■設計期間
建築：2013年10月〜2015年7月
家具：2014年6月〜2015年6月
■施工期間
建築：2015年8月〜2017年3月（予定）
家具：2015年9月〜2017年3月（予定）
■蔵書数
約400,000冊（閉架＝約200,000冊）
■席数
約260席

略歴

藤江和子（ふじえ・かずこ）

富山県生まれ。武蔵野美術大学短期大学部デザイン科卒業。宮脇檀建築研究室、エンドウプランニング勤務を経て、1977年、フジエアトリエ主宰。1987年、株式会社 藤江和子アトリエ設立。東京大学、早稲田大学等にて非常勤講師を歴任。2002年より、多摩美術大学客員教授

［受賞歴］
1996年	インテリアプランニング賞 '96 建設大臣賞──リアスアーク美術館
2005年	第15回 AACA賞 本賞──空間と人に「作用」する家具
2012年	2012グッドデザイン賞──東北大学青葉山東キャンパス センタースクエア／中央棟・ブックカフェ棟
2016年	第4回インテリアプランニングアワード2016 優秀賞──みんなの森 ぎふメディアコスモス 毎日デザイン賞 ノミネート──みんなの森 ぎふメディアコスモス

［展覧会］
1989年	藤江和子家具デザイン展〈微分視〉／代官山ヒルサイドプラザ地下ホール
1990年	藤江和子家具デザイン展〈万華鏡〉／富山市民プラザ
1997年	藤江和子の形象〈風景へのまなざし〉／TOTOギャラリー・間

［著書］
1997年	『ギャラリー・間 叢書08 藤江和子の形象──風景へのまなざし』ギャラリー・間編、TOTO出版

スタッフ	藤江和子	豊田恵美子
	野崎みどり	太田和枝

元スタッフ	上原なつき	河野陽子
	小川 勉	尾沢敦子
	杉戸厚子	北條雅一
	小松洋文	Johanna Truestedt
	Veronique Belmont	平瀬祐子
	長谷初代	長橋 徹
	河本 治	増田奈菜
	真喜志 奈美	吉野美奈子
	原木陽子	柏原聡子
	箭野 佳緒里	津熊雄二
	嶋田宣彦	佐藤泰代
	吉武康彦	宮沢英次郎
	仲村志乃	花野明奈
	青木和史	清水絢子
	田賀陽介	渡邊 圭
	藤田倫康	永沢ゆき
	橋谷 昇	廣野雄太
	池澤友香	

写真クレジット

淺川 敏
60、70〜72、124左、127上、128右、132、142

———

伊東豊雄建築設計事務所
148

———

新建築社写真部
42、47

———

畑拓（彰国社）
8〜12、16〜25、28、32〜39、50〜58、64、67、77上左・下左、79〜87、90、91、97、98、106、108〜110、112〜114、115左、135左、137左、140右、141、143左、144〜146

———

古舘克明
123、125

＊上記に特記のないものはすべて、藤江和子アトリエ提供

家具でつくる本の空間
2016年 9月10日　第1版 発 行

著作権者と の協定によ り検印省略	著　者	藤江和子アトリエ
	発行者	下　出　雅　徳
	発行所	株式会社　彰 国 社

自然科学書協会会員
工学書協会会員

Printed in Japan

Ⓒ藤江和子アトリエ　2016年

ISBN 978-4-395-32071-4 C3052

162-0067 東京都新宿区富久町8-21
電話　　03-3359-3231（大代表）
振替口座　　00160-2-173401

印刷：真興社　製本：中尾製本

http://www.shokokusha.co.jp

本書の内容の一部あるいは全部を、無断で複写（コピー）、複製、および磁気または光記録媒体等への入力を禁止します。許諾については小社あてご照会ください。